EL OFICIO DE ESCRIBIR

Marcos López Herrador

ISBN: 978-1-326-01031-7

A mis nietos
Merche y Pablo

"Nada debe parecer más real que la ficción".

SUMARIO

IDEAS PARA NO OLVIDAR
LO QUE NO HAY QUE HACER
DEBES PREGUNTARTE
EJERCICIOS

IDEAS PARA NO OLVIDAR
LO QUE NO HAY QUE HACER
DEBES PREGUNTARTE
EJERCICIOS

INTRODUCCION

"Su osadía carecía de límites: ¡Pretendía ser útil!".

Este manual nace con la vocación de ser un instrumento útil y práctico para quien comienza a escribir y necesita conocer los elementos básicos del oficio.

Es un manual sencillo en el que los conceptos más básicos y fundamentales están expuestos en forma sintética, lejos de toda retórica y erudición. Se trata de que el lector perciba siempre la estructura en la que se encuadra cada concepto y perciba qué posición ocupa cada uno dentro del conjunto, de la forma más esquemática posible.

Despojar el manual de toda retórica inútil, lo hace breve y sumamente manejable; cada tema está desarrollado en muy pocas páginas y basta moverlas hacia delante y atrás para tener una visión rápida y de conjunto de cualquier asunto o concepto.

Los elementos contemplados son los básicos cuyo dominio constituyen el oficio del escritor. Todos ellos se pueden y se deben ampliar pues nunca debemos dejar de profundizar en su conocimiento, pero, en esencia, son estos y no otros.

Espero que el lector encuentre este texto tan útil como yo deseo.

1 LA FICCION Y EL ESCRITOR

LA FICCION

1.- Definición

Es aquella historia inventada que se cuenta en prosa utilizando sólo palabras.

La ficción constituye una necesidad básica del ser humano que profundamente arraigada responde a dos necesidades:

- Diversión y entretenimiento.
- La búsqueda del sentido de nuestra existencia.

Una buena obra de ficción sabe dar satisfacción a ambas necesidades a través de un instrumento tan simple como son las palabras interactuando con la imaginación del lector.

Ficción y realidad no son términos contrapuestos cuando nos referimos a la naturaleza humana. El ser humano se distingue del resto de las criaturas por su capacidad de conocer el mundo que le rodea, de tener un conocimiento consciente de la realidad. Pero, por paradójico que parezca, para conocer la realidad, el hombre necesita interpretarla y narrársela a sí mismo; es decir, necesita hacerse un relato de la realidad que percibe; y si lo meditamos con detenimiento, justamente esa es la esencia de la ficción. El mismo mecanismo que lleva al conocimiento de la realidad es el que nos lleva a construir la ficción y el relato. Por tanto, la ficción es tan esencial en el hombre como el propio conocimiento. Fijémonos que esto es así observando cómo, cuando existen varios testigos de un mismo hecho, se producen tantas versiones de ese hecho como testigos lo narren sin que podamos decir que mienten. De esa narración subjetiva de la realidad a la ficción no hay más que un pequeño paso: el de la imaginación y el talento del narrador.

2.- Formas básicas que adopta la ficción

2.1. La novela

— Extensión: Lo habitual es que una novela tenga un mínimo de ochenta mil palabras (unas 320 páginas). Se divide en capítulos

— Complejidad: La novelas tienen más extensión que otras obras de ficción, tienen más personajes, más escenas, más nudos narrativos, más enjundia.

2.2. La novela corta

—Extensión: Entre quince mil y ochenta mil palabras, tiene un promedio de 80 a 120 páginas.

Puede combinarse el mayor terreno de las novelas con la narrativa más economicista de los cuentos.

2.3. El cuento o relato

— Extensión: No suele extenderse más allá de quince mil palabras (unas sesenta páginas).

La mayoría son más breves y no pasan de la extensión de un capítulo de una novela.

— Complejidad: Se centran en un único acontecimiento o un único aspecto de la vida de un personaje.

Los cuentos son muy exigentes pues cada palabra cuenta y no tienen razón para resultar menos complejos que una novela.

3.- Ficción literaria y de género

En realidad, se trata de una distinción meramente convencional pues la única diferencia verdaderamente relevante en una historia de ficción la determina el juicio del lector que decide si está bien o mal escrita; si le gusta o no.

La ficción se puede subdividir en dos campos:

— La ficción literaria: Va dirigida a lectores de cierto nivel cultural, al pretender ser un medio de expresión vinculado muy directamente a las preocupaciones e inquietudes más esenciales, nobles y elevadas del ser humano, y en la que destaca el interés del autor por expresar algo significativo sobre la condición humana, con aspiración de convertir la obra en arte literario, al buscar una mayor profundidad y exigencia artística. Es la calidad estética lo que servirá para calibrar si un libro es o no lo que entendemos por obra literaria.

— La ficción de género: Va dirigida a un público más amplio que busca fundamentalmente entretenimiento a través de géneros como el misterio, el suspense, el terror, la fantasía, la ciencia ficción, el humor, el oeste, la novela romántica, erótica, etc.

En realidad una buena narración, sea literaria o de género, debe satisfacer la doble necesidad de entretenimiento y significado, manteniendo al lector absorto en la lectura mucho después de que haya decidido terminar su lectura.

EL ESCRITOR

Se tiene todo el derecho a pensar que escribir es fácil; al fin y al cabo, cualquiera puede hacerlo; basta un bolígrafo, un papel y contar algo que pase por nuestra cabeza, ya sea un hecho del que somos testigos, un recuerdo o una invención. Con un poquito de talento, capacidad de observación, imaginación y cierta habilidad para redactar con corrección, se puede conseguir plasmar sobre el papel una idea y comunicarla. La cuestión es si estás comunicando lo que quieres, lo comunicas cómo quieres y a quién quieres. Si se piensa que sí, adelante: a escribir cuanto apetezca; no es necesario perder un solo minuto con este manual ni con ninguno que trate sobre este asunto.

La verdad es que no hay una forma fácil de hacerlo. La verdad es que el talento, por mucho que sea, fallará si no se está capacitado, si no se estudia, si no se trabaja muy duro y uno no dedica lo mejor de sí mismo cada día. Ahora bien, con trabajo duro no hay nada que no se pueda hacer. El secreto está en saber que no hay atajos y que el muro más alto se construye poniendo un ladrillo cada vez lo mejor y más perfectamente que se sepa y se pueda. El secreto está en ser constante hasta terminar lo que se ha empezado. Así, si se quiere ser escritor se conseguirá.

1.- Por qué escribe un escritor

Como todo lo que atañe a la naturaleza humana es un misterio. Si no lo fuera, quizá no necesitaríamos escribir ficción, o leerla.

Tal vez, en la mayoría de los casos se escribe ficción por alguna de estas razones:

- Para entendernos a nosotros mismos y al mundo que nos rodea.

- Porque es uno de los mayores desafíos personales para crecer en un espacio ilimitado.

- Por la satisfacción y el placer de crear algo que pueda cautivar a legiones de lectores y obtener prestigio adulación fama y dinero.

Aunque, si se medita un poco, no será difícil llegar a la conclusión de que un verdadero escrito escribe porque no puede evitarlo.

2.- Cómo escribe

Un buen relato de ficción suele responder a la siguiente fórmula: Ideas que prometen + Oficio + Trabajo duro = Buen relato de ficción.

2.1.   Las ideas

La semilla de una buena idea puede encontrarse en la vida doméstica, las relaciones personales, el trabajo, las aficiones, lo excéntrico, lo exótico, la vida normal.

El escritor ha de observar atentamente el mundo que le rodea para poder crear el suyo propio. Ha de impregnarse de la vida para después poder expresarla.

Cualquier cosa pequeña de la vida puede provocar la chispa de una historia, cualquier hecho o persona del pasado. Investigar los propios pensamientos puede resultar una fuente de ideas. Puede hacerse una lista de lo que más se quiere y más se odia, cosas que nos gustan o que rechazamos. Un buen escritor debe adivinar lo que no ve a través de lo que ve, debe observar a su alrededor, a las personas que le rodean e imaginarse quiénes son realmente, intentar verlas desde dentro. El periódico es un buen semillero de ideas, la historia también.

Ahora bien, una única idea no basta para elaborar una historia completa porque toda obra de ficción surge de una acumulación de ideas. Todo escritor debe llevar siempre encima un cuaderno y un bolígrafo para tomar nota.

Las ideas son semillas que suelen crecer para convertirse en ficción, no en hechos. La ficción exige una narrativa mejor que la vida misma y ha de elaborar estas ideas hasta obtener el máximo de entretenimiento o significado, o ambas cosas. No se despierta el interés del lector por lo que se cuenta, sino por el modo de contarlo.

El objetivo no es otro que escribir una historia que un completo extraño pueda disfrutar.

2.2.   El oficio

Para contar una historia de manera efectiva es necesario dominar el oficio. Si bien es cierto que la literatura puede constituir un arte, de lo que no hay duda alguna es que se trata de un oficio.

El oficio en general no es otra cosa que la capacidad adquirida para hacer algo porque se saben llevar a la práctica los conocimientos útiles de cómo hacerlo.

El oficio de escritor es la capacidad para producir y

transmitir con calidad, mediante la palabra escrita, entretenimiento, información, ideas y emociones.

El talento no se enseña, el oficio sí. Es indispensable tener oficio para que el resultado sea realmente bueno. El oficio no sólo mejora la calidad del resultado sino que facilita el trabajo para lograrlo.

Las obras más brillantes son aquellas que rompen las reglas, pero para romper las reglas primero hay que conocerlas y dominarlas. Una vez se consigue esto, ya sí se puede decir que no hay reglas que cumplir, sino objetivos a alcanzar.

Son elementos del oficio:
. El personaje.
. La trama
. El diálogo.
. El punto de vista.
. El tema.

Estas herramientas del oficio ayudan a profundizar en la historia, a dar con su lógica y su unidad, con el tono y la emoción, con las motivaciones del protagonista, etc.

No obstante, no debemos olvidar nunca que, si bien el dominio de estas herramientas es condición necesaria, sólo tendrán un valor relativo si no se prueban en la práctica a través de las emociones, porque lo que no se siente no se transmite. Se escribe desde la emoción y desde el pensamiento, sabiendo de qué se quiere hablar.

2.3. El trabajo

Para que una obra de ficción exista hay que escribirla.

Para conseguir un buen resultado hay que trabajar muy duro. En el proceso creativo la creatividad, el talento y la inspiración desempeñan su propio papel, pero es en el trabajo donde está la clave. La mejor manera de ser un buen escritor es escribiendo mucho. Se mejora con la práctica constante y considerando el bloqueo como un desafío, no como un problema. Gran parte del avance se produce con lentitud y es apenas perceptible hasta que un día se empieza a dominar el oficio.

Es importante mantener una disciplina, establecer días y horas para escribir y cumplirlas. Es más importante cumplir el horario que lo que se escribe. La disciplina y la constancia son la clave del proceso.

Es importante disponer de un lugar en el que sentirse cómodo para escribir.

Existen dos tipos de horario narrativo:

. El horario de ejecución material:

Consiste en escribir y trabajar ante el ordenador y la hoja de papel.

. El horario de concepción:

Son las horas de meditación sobre el trabajo. En esta fase es fundamental no agobiarse con la resolución de los problemas, la solución llegará meditando sobre ellos.

Es importante escribir lo que sea sin considerar la opinión de nadie, con plena libertad y valentía. Luego vendrá el tiempo de cortar, corregir y pensar en los lectores que serán los más exigentes.

IDEAS PARA NO OLVIDAR

1.- La ficción es una historia inventada.

2.- Necesitamos la ficción como entretenimiento y buscamos en ella el sentido de nuestra existencia.

3.- La ficción literaria adopta la forma de novela, novela corta y cuento o relato.

4.- Un buen relato se construye con buenas ideas, oficio y trabajo duro.

5.- Las ideas pueden obtenerse de cualquier cosa o situación siempre que se desarrolle la capacidad de observar.

6.- Las ideas han de elaborarse hasta obtener el máximo de entretenimiento o significado, o ambas cosas.

7.- El oficio es la capacidad adquirida del escritor para producir y transmitir con calidad entretenimiento, información, ideas y emociones.

8.- Se adquiere el oficio llevando a la práctica los conocimientos útiles de cómo haçerlo.

9.- Son elementos del oficio: el personaje, la trama, el diálogo, el punto de vista y el tema.

10.- Para conseguir una obra de ficción hay que trabajar muy duro.

11.- Es fundamental mantener un alto grado de disciplina, cumplimiento de un horario, constancia y dispones de un lugar donde sentirse cómodo escribiendo.

12.-La fase previa es fundamental. El escritor ha de obsesionarse con los elementos de la narración y meditarlos hasta el límite.

13.- La fase de escribir ha de ser de absoluta libertad.

14.- La fase de corrección y revisión ha de ser muy exigente.

LO QUE NO HAY QUE HACER

1.- Pensar que la ficción consiste en contar un hecho detrás de otro.

2.- Pensar que escribir es fácil y que basta un poco de talento, imaginación y cierta habilidad para redactar.

3.- Pensar que puede narrarse una buena historia sin conocer los fundamentos del oficio de escribir.

4.- Pensar que para escribir hay que estar inspirado y desdeñar el valor de la disciplina y la constancia.

EJERCICIOS

1.- Elige una obra de ficción que te guste.

Define el motivo por el que te gusta.

Describe cómo el autor ha provocado este efecto.

Se trata de que intentes establecer contacto con la fuente de la magia.

2.- Escribe diez cosas que puedan servir como ideas narrativas a partir de experiencias sobre personas, emociones, pensamientos y situaciones.

Elige la que parezca más prometedora para escribir una historia.

Haz una lista de las posibles maneras en que esa idea podría convertirse en un relato de ficción.

Se trata de descubrir lo numerosas que pueden llegar a ser las ideas inspiradoras.

3.- Crear un horario de trabajo de una semana en el que se incluyan al menos cinco horas para escribir en periodos de al menos una hora.

Trabaja un relato de ficción durante esa semana.

Se trata de utilizar un horario narrativo, no de obtener una narración perfecta.

Una vez terminada la semana ajusta el horario y evalúa la disciplina con que lo cumples.

4.- Toma la frase inicial de un relato que te guste y continúa la historia.

Escribe de forma libre, sin pensar demasiado ni detenerte. Hazlo al menos durante cinco minutos seguidos.

El objetivo es sentir lo que pasa escribiendo con plena libertad.

5.- Coge la obra de ficción elegida como favorita.

Selecciona un pasaje que te guste especialmente.

Escribe una página sobre ese fragmento, palabra a palabra, para sentir cómo sería crear ese conjunto específico de palabras.

2 EL PERSONAJE

El personaje es el elemento fundamental de cualquier narración de ficción.

Los personajes son el núcleo y el motor de cualquier historia, los que interactúan e influyen en todos los demás elementos de la ficción. Son quiénes transportan al lector desde la primera hasta la última página, haciendo que se interese por lo que les ocurre.

Según Gadner J., el personaje es la vida de la novela. El ambiente existe sólo para que el personaje tenga un entorno en el que moverse. El argumento existe para que el personaje pueda descubrir cómo es él realmente y, en el proceso, revelárselo al lector. El argumento obliga al personaje a decidir y actuar, lo transforma de ser una construcción estática a parecer un ser humano vivo que toma decisiones y paga las consecuencias. El tema existe sólo para hacer que el personaje se imponga y sea alguien.

No hay una buena historia sin un buen personaje y no hay nada más duro que la construcción de un personaje de ficción.
Sólo el personaje es capaz de hacer saltar en el lector el resorte de la identificación, sólo el personaje es capaz de conseguir del lector una sensación de empatía que produzca el acercamiento afectivo hacia la narración, por lo que es importante que el protagonista caiga bien al lector.

Por último, un personaje significa una determinada visión

del mundo que no tiene que coincidir con la visión del autor, pero que permite a este mirar a través de los ojos de sus personajes ofreciéndole la oportunidad de ver la vida y reflexionar sobre ella con un enfoque distinto.

Es fundamental que el lector sienta que los personajes son personas reales de carne y hueso, que viven, respiran, piensan y tienen emociones; que tienen sustancia, que son auténticos y profundos.

Para la construcción de un personaje, debemos tener en cuenta los siguientes aspectos:

1.- Cómo debe ser un personaje

Un personaje, como cualquier ser humano, ha de tener las siguientes cualidades: una motivación, un deseo, además ha de presentar una complejidad humana, debe estar dotado de rasgos opuestos, pero manteniendo una coherencia en lo fundamental, así mismo, el personaje ha de tener la capacidad de cambiar.

1.1. El deseo

El deseo que mueve a un personaje es el hilo de la intriga. La historia sucede porque el personaje quiere, carece o desea algo. Todo personaje complejo ha de querer algo porque el deseo es la fuerza que empuja a la naturaleza humana y en el caso de la narración crea el impulso que hace avanzar la historia.

Los personajes pueden tener deseos enormes o sencillos, eso no es tan significativo como el hecho de que el personaje sea lo que sea que desee lo haga con intensidad.

El lector se identifica y simpatiza con el personaje que desea algo con fuerza y está decidido a todo para ver cumplido su deseo.

Un gran deseo bien definido en el personaje principal hará que la línea argumental avance y crezca de forma orgánica a partir de esa necesidad, de hecho, la narración no se pone en marcha hasta que los personajes no tienen un deseo que viene a definir la meta que persiguen y que pretenden alcanzar.

1.2.   La complejidad humana

La naturaleza humana es compleja y el personaje literario ha de proyectar humanidad.

Para conseguir ese rasgo en un personaje hay que huir del estereotipo y del tópico pues no deben parecer prototipos sino personas reales.

Contra lo que pueda parecer, no son las grades palabras o los hechos heroicos los que transmiten la humanidad de los personajes, sino justo los pequeños detalles que nos muestran sus defectos, sus virtudes, sus tics y manías. Los defectos hacen a los personajes más interesantes y auténticos.

Ni los buenos son absolutamente buenos, ni los malos lo son las veinticuatro horas del día, pero sean buenos o malos, si presentan matices, transmitirán humanidad y parecerán reales. La idea básica de querer o permitirnos algo que no debemos, por ejemplo, ya sea comida grasienta, cigarrillos, bebida o demasiada televisión es una característica muy humana.

1.3.   Rasgos opuestos

Las contradicciones son las mejores herramientas para dotar de complejidad a los personajes. Cada uno de nosotros tenemos rasgos opuestos que a veces se manifiestan de una manera sutil y otras como un gran conflicto.

Los mejores contrastes son los que se funden con la caracterización de tal forma que no son fáciles de detectar. El lector lo que debe de experimentar es la tensión, no detectar contrastes que le distraigan de la lectura.

1.4.   Coherencia

El personaje no puede comportarse de una manera y de repente cambiar por completo. Todas las acciones y comportamientos del personaje tienen que parecer auténticos y deben basarse en lo que el autor haya ido estableciendo para él a lo largo de toda la historia. Aunque resulta importante que el personaje tenga cualidades que contrasten o se contradigan, su caracterización ha de ser coherente en todo momento. Los personajes pueden hacer cosas contradictorias siempre que mostremos un atisbo de esa tendencia con antelación y haya una causa. Se trata de que un cambio de carácter entre dentro de sus posibilidades. La coherencia no debe hacer a los personajes tan transparentes y predecibles que sean incapaces de mostrar ningún cambio o diferencia a través de la historia.

1.5.   La capacidad de cambiar

El lector debe percibir que el personaje tiene capacidad de cambio, especialmente si se trata del protagonista de la historia. Si el deseo actúa como motor narrativo, el cambio es con frecuencia la culminación de la historia. Ese cambio no tiene que ser ni radical ni absoluto, puede ser incluso sutil y realizarse poco a poco, pero lo importante es que el lector sienta que el personaje es capaz de cambiar mientras dura la historia o que tiene la opción de hacerlo.

2.- Cómo se construye un personaje

El proceso de creación del personaje es uno de los trabajos más duros a los que se enfrenta el escritor. Es un trabajo arduo y laborioso que no se puede soslayar ni pasar por alto, si se pretende que la historia alcance un mínimo de credibilidad y despierte el interés del lector. Si se es escritor, se es creador y construir un personaje es crearlo.

2.1.   De dónde vienen los personajes

El punto de partida, la clave está en la observación, lo que significa mirar alrededor, porque los personajes surgen de las personas interesantes que se conocen o que tienen características, rasgos y reacciones peculiares. La inspiración para crear personajes se encuentra en todas partes.

Se puede partir de la propia personalidad y construir desde ahí.

Es muy útil observar a la gente porque también se

pueden crear personajes a partir de personas que no se conocen.

Las mezclas suelen dar muy buenos resultados al tomar un aspecto de una persona y otro de otra.

Tampoco debe desdeñarse la memoria porque recordar a las personas que se han conocido aportará modos de actuar, de relacionarse y de expresarse.

Puede aportarnos ideas lo que nos cuentan o nos han contado.

2.2.   Conocer a los personajes

Merece la pena que el escritor dedique el tiempo que sea necesario para conocer a sus personajes, conocerlos de forma íntima, estar en disposición de contestar cualquier pregunta sobre su forma de ser, su comportamiento en distintas situaciones, su carácter, sus filias, sus fobias, etc.

Será muy útil plantearse las siguientes categorías:
— Apariencia:
Cómo se comporta el personaje, qué ropa viste, que expresión tiene mientras camina por la calle. Hay que plantearse que el personaje ocupa un lugar en el espacio, tiene tres dimensiones. El estilo y la presencia que tengan los personajes en relación con un espacio concreto en su mundo revelarán mucho sobre su actitud y su personalidad.

— Antecedentes:

Los personajes se ven afectados por sus experiencias pasadas. Es preciso saber cómo crecieron, cómo amaron, qué perdieron, qué aprendieron. Todos estos antecedentes serán de utilidad para darles forma.

— Personalidad:

Viene definida en gran medida por las dos categorías anteriores.

Será necesario definir:

. Cómo funciona la mente del personaje.

. Cómo es su temperamento.

. Qué inclinaciones tiene

. Cómo es su perspectiva del mundo.

. Cuáles son sus sueños.

. Cuales sus miedos.

La personalidad del personaje nos define cómo es realmente, nos informa de las verdades más profundas de la persona, aquellas que nos indican cómo actuará y reaccionará en la historia.

— Identidad primaria:

Son los rasgos más inmediatos y evidentes por los que el propio personaje se definiría si se le preguntara. La respuesta inmediata a ¿tú quién eres? puede realizarse en base al trabajo de cada cual, al grupo étnico al que pertenece, al género a que pertenece o la edad que se tiene. Esa respuesta pone de manifiesto el rasgo con el que más sólidamente se identifica una persona y esa es su identidad primaria.

— Preguntas:

Para tener un mejor conocimiento de los personajes, el autor debe ser capaz de plantearse todo tipo de preguntas. Hacer listas de preguntas y respuesta será de gran ayuda para conseguir un acervo completo de conocimientos sobre los personajes. Hacer una ficha también resultará de ayuda. Es muy importante que las respuestas no sean generales o vagas; han de ser tan precisas y concretas como sea posible. Hay que ir al detalle.

Puede comenzarse con preguntas básicas de los personajes como:

. ¿Cuál es su nombre? ¿Cuál es su apodo o mote?

. ¿De qué color tiene el pelo? ¿De qué color son sus ojos?

. ¿Cómo es su cara? Cuáles son sus rasgos físicos distintivos? ¿Tiene alguna marca de nacimiento? ¿Dónde? ¿Cicatrices? ¿Cómo se las hizo?

. ¿Cómo son su familia y los amigos del personaje? ¿De qué gente se rodea? ¿Quiénes son sus personas más cercanas? ¿Con quién le gustaría tener una relación más próxima?

. ¿Dónde nació? ¿Dónde ha vivido desde entonces? ¿Qué lugar considera su hogar?

. ¿Cuál es su origen, su educación, sus costumbres, su entorno?

. ¿Cuáles son sus prejuicios, su ideología, sus miedos, sus ambiciones?

. ¿Cuál es su mayor temor? ¿A quién se lo ha contado? ¿A quién no se lo contaría nunca? ¿Por qué?

. ¿Tiene algún secreto?

. ¿Qué hace que el personaje se ría a carcajadas?

. ¿Cuándo se ha enamorado? ¿Cuándo le han roto el corazón?

Después se pueden plantear preguntas menos convencionales como:

. ¿Qué hay ahora mismo en el frigorífico del personaje? ¿En el suelo de su dormitorio? ¿En sus cajones? ¿En su cubo de basura?

. ¿Qué calzado lleva? ¿Le gusta ir descalzo en la casa? ¿Sus calcetines son viejos y llenos de agujeros?

. ¿Con qué olores de la cocina asocia su infancia? ¿Qué otros olores le han marcado?

. ¿Qué tiraría al hacer una limpieza a fondo? ¿De qué le costaría desprenderse? ¿Por qué?

. ¿Cuál es su rutina diaria?

. Un sábado por la mañana Qué hace el personaje? ¿Qué desayuna? ¿Si toma el son qué toalla usa?

. ¿Qué recuerdo tiene grabado el personaje

de su infancia? ¿Por qué ese recuerdo es tan poderoso y duradero?

. ¿Adónde va el personaje cuando se enfada?

. Si sale de noche ¿qué ropa se pone? ¿Adónde va? ¿Con quién estará?

Evidentemente, toda la información volcada en las respuestas no va a utilizarse pero cuanto más sepa el autor de sus propios personajes, mejor será capaz de plasmar ese conocimiento en la historia de manera creíble.

Un personaje es real cuando el autor lo sabe todo sobre él.

3.- Tipología de los personajes

Conviene conocer que a los personajes se les puede clasificar:

— En cuanto a su complejidad:

. Personajes planos: Son aquellos que se construyen con uno o muy pocos rasgos. Están caracterizados por su papel o por la acción que realizan.

. Personajes redondos: Son personajes complejos en rasgos y carácter. Están perfectamente desarrollados para parecer personas reales. Es un personaje capaz de sorprender al lector de forma convincente.

— En cuanto a su importancia:

. Personajes principales: Son aquellos sobre los que recae el peso fundamental del desarrollo de la historia. Son el motor de la acción principal y los que están continuamente en el punto de mira del lector.

. Personajes secundarios: Son aquellos que sirven de apoyo a los personajes principales y al desarrollo de la historia, pero no con la intensidad de los personajes principales. Se definen con unos pocos detalles que realmente capturen su esencia.

. Extras: Son aquellos que se caracterizan por su fugacidad. Aparecen en un momento puntual, sin tener un impacto significativo en la historia, para recoger un abrigo, armar escándalo, hacer un comentario sagaz, o con una pregunta estúpida cuando dos amante por fin van a besarse. Sirven para crear un entorno humano y dar ambiente. Conviene retratarlos rápidamente, sin detenerse en detalles. El lector no debe fijar su atención en ellos o creerá que más adelante van a tener un mayor papel.

— En cuanto a su rol en la historia:

. El protagonista: Lleva el peso de la trama y desarrolla todos los aspectos y dimensiones del personaje: deseo, complejidad, contraste, coherencia, cambio.

. El antagonista: Se opone a la consecución de los objetivos del protagonista planteándole un formidable obstáculo a su deseo.

. El contagonista: Personaje que creyendo ayudar al protagonista se opone a que consiga sus objetivos. Enriquece la narración pero no la determina.

. El incidental o "outsider": Personaje que llega a la historia sin estar directamente involucrado en el conflicto. Busca algo completamente distinto al héroe, pero su búsqueda enriquece la de éste.

. El guía: Marca las directrices iniciales al héroe y es la persona a la que puede retornar cuando está muy perdido.

. El compañero: Apoya al héroe en su búsqueda y matiza la acción.

. El razonador o espejo: A través de él se manifiesta el raciocinio. Es la visión fría y calculadora. Normalmente funciona como elemento de conflicto psicológico en el héroe y el lector.

. El emotivo: Aporta la emoción, es el personaje a través del que se manifiesta lo visceral. Funciona para enardecer la intención del héroe y para generar identificación en el lector.

. El escéptico: A través de este tipo de personaje se manifiestan las dudas que pueda tener el lector. Está muy vinculado a la verosimilitud.

. El elenco: Está formado por todos los personajes que hacen bulto y crean atmósfera.

Conviene señalar Que varios de estos roles pueden concentrarse en un solo personaje en aplicación del principio de aprovechamiento integral de los recursos narrativos:

4.- Cómo se presenta un personaje

4.1.   El método indirecto

Consiste en la presentación del personaje a través de la descripción del autor. El narrador nos dice lo que quiere que sepamos, expone su opinión del personaje, nos cuenta su vida pasada y presente, nos describe sus rasgos físicos y psicológicos, sin dar margen a la reflexión del lector o permitir que éste pueda formar una opinión propia sobre el mismo.

Tiene como ventaja que se puede aportar mucha información en poco espacio y como inconveniente el que el lector ante toda esa información suele perder interés. Cuando se usa este tipo de presentación, es aconsejable que se dosifique de forma que el lector pueda asimilarla. La narrativa moderna desaconseja este tipo de presentación y se inclina más por el método directo, porque el lector actual prefiere alcanzar sus propias conclusiones.

4.2.   El método directo

Consiste en la presentación del personaje a través de sus acciones, se trata de mostrar en lugar de describir, mediante detalles específicos que transmitan la información necesaria mientras la atención del lector sigue centrada en la acción y las emociones del personaje.

Esto se consigue mediante las cuatro formas que existen de mostrar los rasgos de un personaje:

. La acción.

. El habla.

. La apariencia.

. El pensamiento.

4.2.1. La Acción

Es el método más potente para mostrar a un personaje. No se debe confundir con el movimiento físico pues la acción puede ser física o emotiva que suele ser más eficaz. Todas las acciones son reveladoras pero las que el personaje lleva a cabo en un momento de crisis suelen ser las que llevan al núcleo del verdadero yo y de las auténticas intenciones del personaje.

4.2.2. El habla

Los personajes se muestran a través de lo que dicen. Resulta siempre ilustrativo lo que el personaje dice, cómo lo dice y que es lo que no dice. Además es importante considerar el tono de voz, el modo de hablar. No resulta verosímil que todos los personajes hablen igual. El lector puede obtener mucha información del personaje por su modo de hablar sin que intervenga el narrador. Hay que tener en cuenta que cada grupo social tiene expresiones, giros y patrones de comunicación diferentes a otros grupos. Por último, no debemos olvidar que en todo idioma y país conviven tres formas de lenguaje: el culto, el popular y el vulgar.

4.2.3. La apariencia

La apariencia es lo que provoca las primeras reacciones en los demás. El aspecto es algo aparentemente superficial, pero una persona se manifiesta tal y como es a través de la risa, la forma de coger algo, la postura que adopta, la forma de mirar, de comer, de beber, todo ello nos caracteriza y forma parte de nuestra apariencia. No se debe tomar nunca a la ligera la descripción del aspecto exterior del personaje. El escritor no debe conformarse con lo obvio y debe tener en cuenta que detalles incongruentes son especialmente reveladores.

4.2.4. El pensamiento

Es el método más directo para conocer fielmente a un personaje literario. Es una gran ventaja de la narración el poder acceder a los pensamientos de un personaje sin que la historia o el conflicto se resientan porque en la mente es donde se gestan y conviven nuestros más ocultos secretos. Ahora bien, es preciso tener muy en cuenta que el poder acceder al pensamiento del personaje no puede revelar las motivaciones no expresadas por éste o aquello que verdaderamente busca o desea cuando por su acción o su discurso ha demostrado otra postura.

La utilización de estos cuatro métodos (acción, habla, apariencia, pensamiento) de forma conjunta creará una sensación de profundidad que permitirá tanto al autor como al lector experimentar la historia momento a momento y recreará una sensación de realidad. Con frecuencia la verdad de una persona queda revelada cuando se produce alguna discrepancia entre dos o más de los cuatro métodos utilizados.

IDEAS PARA NO OLVIDAR

1.- El personaje es el elemento fundamental de la narración.

2.- El personaje ha de ser percibido por el lector como una persona real de carne y hueso.

3.- Para conseguirlo el personaje debe tener un deseo que lo mueva, complejidad humana, rasgos opuestos, coherencia y capacidad de cambiar.

4.- Un personaje se construye tras un duro trabajo.

5.- Los personajes nacen de la capacidad de observación del autor, de sí mismo y del entorno.

6.- El autor debe conocer bien a los personajes y construir su apariencia, sus antecedentes, su personalidad, su identidad privada y saber responder a cuantas preguntas puedan hacerse sobre el mismo.

7.- Los personajes pueden se planos, redondos; principales, secundarios y extras; protagonistas, antagonistas, etc. Los personajes se presentan a través de la descripción del autor, si utiliza el método directo.

9.- Es, sin embargo, más recomendable la utilización del método indirecto, mediante el cual el autor presenta a los personajes a través de sus acciones, del habla, de la apariencia o el pensamiento.

10.- La mezcal e incluso la contradicción entre estos elementos darán profundidad y credibilidad a los personajes.

LO QUE NO HAY QUE HACER

1.- Describir personajes sin gracia, sin alma y sin vida.

2.- Hacer descripciones tópicas sin hacer hincapié en lo específico del personaje.

3.- Hacer una descripción física con el personaje mirándose al espejo.

4.- Describir a un personaje mencionado a alguien popularmente conocido.

5.- Hacer una exhaustiva descripción de la ropa.

6.- Referirse demasiado al pasado.

7.- Aburrir al lector con personajes perfectos.

8.- Hacer reflexiones políticas.

9.- meter una mascota que no aporte nada a la historia.

10.- Hacer que el protagonista fracase.

11.- Meter funciones fisiológicas en las primeras páginas.

12.- Dotar al personaje de cualidades con las que el lector jamás se identificaría.

13.- Introducir el personaje de un amigo sin motivo ni razón.

14.- Meter personajes secundarios que no se pueden distinguir más que por el nombre.

15.- Meter un secundario que sólo esté para admirar al protagonista.

16.- Describir un personaje con una belleza ideal.

17.- Hacer que la protagonista deje a su novio por otro con alegría y sin remordimientos

18.- Hacer que el protagonista se conforme con poco.

19.- Crear un malo que sólo responde a su deseo de hacer el mal.

20.- Tratar de equilibrar al malo con una virtud.

DEBES PREGUNTARTE

1.- ¿Tienen tus personajes algún deseo?

2.- ¿Son tus personajes lo suficientemente singulares como para no convertirse en estereotipos, típicos o tópicos?

3.- ¿Tienen tus personajes rasgos contradictorios que le den complejidad?

4.- ¿Son coherentes tus personajes a pesar de tener rasgos en conflicto?

5.- ¿Tienen tus personajes capacidad de cambiar?

6.- ¿Conoces lo suficiente a tus personajes?

7.- ¿Son los personajes redondos o planos según deban serlo?

8.- ¿Muestras más a tus personajes de lo que los explicas?

9.- ¿Utilizas las cuatro maneras de mostrar a tus personajes a través de la acción, el habla, la apariencia y el pensamiento?

10.- ¿Tienen tus personajes los nombres adecuados?

EJERCICIOS

1.- La multidimensionalidad es muy difícil de conseguir. Intenta con un personaje que hayas creado añadirle un dese y rasgos que contrastan. Escribe un pasaje en el que el personaje persiga ese deseo y de alguna manera, tras superar algún obstáculo haz que ocurra algo que nos haga visualizar ambos rasgos opuestos a la vez que el personaje da algunas pistas de que es capaz de cambiar.

2.- Observa a alguien a quien no conozcas o que conozcas poco. Obsérvalo y toma nota. Después rellena los huecos desconocidos sobre esa persona respondiendo a todas y cada una de las preguntas contenidas en las páginas anteriores. Estarás construyendo ficción.

3.- Toma el personaje anterior y colócalo en el mundo y deja que se muestre a través de los cuatro métodos: acción, habla, apariencia y pensamiento. Ponlo después en una situación extrema.

4.- Coge un nombre al azar. Piensa quién puede ser realmente una persona con ese nombre, forma una imagen en tu mente. Aplica el personaje a cualquiera de los ejercicios anteriores.

3 LA TRAMA

1.- Qué es la trama

Es el modo en que se organiza el relato y el orden en que se distribuyen los sucesos para presentar la historia.

Es la manera con la que el autor decide ir presentando los hechos, los personajes, las situaciones y la información para crear una tensión dramática que capte, desde el principio hasta el final, el interés de un lector volcado en conocer cuál es la respuesta a la gran pregunta que el protagonista plantea, de modo que le resulte difícil abandonar la lectura.

Toda ficción de éxito tiene un objetivo, tiene una secuencia de acontecimientos fascinante y con significado. Una buena trama provoca que un acontecimiento dé lugar a otro más interesante, haciendo que la situación se vuelva cada vez más tensa de modo que el lector, preocupado por lo que está ocurriendo y por lo que puede ocurrir, se pregunte continuamente por cómo acabará todo.

La trama aporta coherencia a la ficción uniendo a todos los personajes, los ambientes, la voz y cuanto les envuelve alrededor de una única fuerza organizadora. Precisamente, la gran pregunta dramática es la fuerza organizadora central del complejo mundo de una novela. Si el protagonista acabará casándose con su amante, si escapará a su destino sobreviviendo a su peligrosa misión militar, si será perdonado par haberse convertido en quien es, resulta la clave de por qué el lector mantenga la intriga y siga leyendo para conocer la respuesta por lo que es fundamental que la respuesta esté al nivel de la pregunta.

Las tramas pueden ser de índole muy variable, aunque básicamente la mayoría son sentimentales, de intriga o de acción.

2.- De dónde surge la gran pregunta dramática.

Surge de la relación entre tres elementos:
. El protagonista.
. Su objetivo.
. El conflicto que se interpone ante esa meta.

2.1. El protagonista

Es el personaje principal de la obra, el más complejo y multidisciplinar del relato y al que con más interés sigue el lector. La gran pregunta dramática siempre se centra en el protagonista. Debido a todo ello las obras de ficción suelen tener un solo protagonista.

2.2. Su objetivo

El deseo del protagonista es la clave para que avance la trama del relato. El objetivo del protagonista va a tener que ver con que el protagonista obtenga una respuesta positiva o negativa a la gran pregunta dramática.

El objetivo puede ser consciente cuando el protagonista sabe lo que busca o inconsciente cuando guía sus acciones sin desvelarse de forma explícita ni siquiera ente él.

El objetivo puede ser concreto o abstracto, pero en este caso deberá representarse en la historia a través de algo concreto.

En cualquier caso hay que tener en cuenta que el objetivo es independiente de que se consiga o no.

2.3. El conflicto

El objetivo del protagonista puede ir en contra de lo que desean otros personajes o estar en contra de la realidad física y social.

Para que la historia funcione es necesario sembrar de obstáculos el camino del protagonista. Estos obstáculos generan el conflicto y toda trama depende del conflicto que debe crecer cada vez más porque cuanto más dura sea la lucha, mejor será la historia. El conflicto pone en marcha el motor de la acción, se realimenta a lo largo de la trama y genera tensión. El conflicto transforma al protagonista.

Los obstáculos pueden ser internos cuando se trata de miedos y limitaciones personales, o externos al personaje, como los antagonistas, personajes que de forma activa intentan que el protagonista alcance sus metas, siendo obstáculos externos la existencia de estructuras sociales o intereses económicos.

Es conveniente tener en cuenta que las historias

que más emocionan al lector y que tienen verdadera profundidad, exigen que al menos parte del conflicto sea interno. Los personajes más interesantes no tienen una sola dimensión, afirman y niegan, también dudan no saben todo de sí mismos, conjeturan, se contradicen y la contradicción los conduce a una lucha, a una tensión interna que les desgarra.

3.- La estructura de la trama

Es la secuencia de acontecimientos de un relato planteados en un orden correcto según un modelo tradicional y bien probado que construye la trama mediante:

. El planteamiento.
. El nudo.
. El desenlace.

3.1. El planteamiento

El planteamiento es la introducción de la historia que debe cumplir las funciones de introducir al lector en medio de la acción, ofrecer toda la información básica necesaria para que el lector se meta en la historia y establecer la gran pregunta dramática.

En las primeras páginas de una novela ya se puede apreciar su calidad, ver la manera en que la narración se plantea, de saber si se ha acertado con el tono, de cómo se disponen las palabras, cómo se presenta al personaje, y se crea una atmósfera.

La historia no debe empezar cuando todavía no ocurre nada, sino cuando se produce el cambio del que puede arrancar. Esa ruptura con la linealidad produce una primera situación ante la que reacciona el protagonista con una primera frase que ha de cuidarse al máximo porque debe poner de manifiesto el cambio que se ha producido y colocar al lector en un ambiente, un conflicto, un mundo del que todavía no sabe nada, pero la información que recibe en esta primera información le despierta la curiosidad; introduce el tono emocional de la historia y señala algo significativo. El lector no dispone aún de toda la información básica de los acontecimientos que se desarrollan ni de los personajes que están reaccionando ante ellos. El lector no necesita saberlo todo ni inmediatamente; proporcionar demasiada información ralentiza el relato, pero sí que es necesario proporcionarle las suficientes explicaciones para que sepa qué está ocurriendo y por qué. El resto de la información es conveniente dosificarla para más adelante. Las explicaciones van a aparecer a lo largo de toda la obra. La clave está en aportar sólo los datos necesarios en cada momento y ni uno más. Para que esta información resulte interesante y relevante es imprescindible integrarla con la acción que se esté desarrollando.

3.2.   El nudo

El nudo es la parte en la que se desarrolla la historia y ocupa la mayor extensión de la obra. En la práctica presentación y nudo pueden solaparse en alguna medida.

El nudo narrativo contiene información adicional que profundiza aún más en los personajes y situaciones presentadas en el planteamiento. En el nudo se produce la acción central y tiene lugar el núcleo de los acontecimientos. Es en el nudo donde aparecen los graves obstáculos que se cruzan en el camino del protagonista, donde las fuerzas en su contra se vuelven poderosas. Es en el nudo donde el conflicto crece hasta encontrar la plenitud de su desarrollo.

El nudo es la fase es que la serie de acontecimientos muy relacionados entre sí deben hacer aumentar la tensión y el conflicto hacia una crisis, en una sucesión relativa de hechos vinculados en una cadena de causa y efecto puesto que en el mundo de la ficción todo ocurre como consecuencia de las acciones de los personajes y las acciones de los personajes, a su vez, son respuestas a cosas que ya han ocurrido.

3.3. El desenlace

El desenlace es la parte final de la obra y casi con seguridad la parte más breve. No obstante esa brevedad no nos debe inducir a desdeñas sus posibilidades narrativas, porque en el desenlace es donde se unen todos los elementos de la historia.

El desenlace suele seguir la siguiente pauta:

— Crisis: El punto en que la tensión alcanza su grado máximo.

— Clímax: En donde se rompe la tensión y recibimos la respuesta a la gran pregunta.

— Consecuencias: planteadas de forma muy breve.

La clave de un buen final reside en que debe producir la sensación de ser inevitable e inesperado, pero que mirando hacia atrás en la historia nos parezca que es el único final que tiene sentido aunque nos haya sorprendido al producirse.

4.- Subtramas

Son líneas argumentales que se desarrollan a la vez que la línea argumental principal y tratan sobre otros personajes que no sean el protagonista o un tema que no es el fundamental pero que se relaciona con él.

Las subtramas ya sea como apoyo o como contraste con la historia principal han de ser relevantes para la trama principal.

Cuando hay subtramas, la narración suele tener clímax múltiples.

IDEAS PARA NO OLVIDAR

1.- La trama es el orden y modo en que se distribuyen los sucesos para presentar la historia.

2.- Todos los hechos están encadenados en una relación causal que suscitan el interés del lector por saber cómo se resuelven los problemas suscitados.

3.- La gran pregunta dramática surge de la relación del protagonista, su objetivo y el conflicto producido por todo lo que se interpone entre él y esa meta que hacen que el lector se pregunte si lo conseguirá.

4.- El conflicto puede ser interno que nunca puede faltar y externo.

5.- Para que una historia funcione es necesario sembrar de obstáculos el camino del protagonista.

6.- La trama responde a una estructura que se compone de planteamiento o presentación, nudo y desenlace.

7.- La información que hay que facilitar al lector es sólo la imprescindible en cada momento.

8.- El desenlace sigue la pauta de crisis, clímax y consecuencias.

LO QUE NO HAY QUE HACER

1.- Pensar que lo que interesa al autor interesa a todo el mundo

2.- Hacer que el lector no sepa qué quiere conseguir el protagonista.

3.- Hacerle la vida fácil al protagonista.

4.- Plantear un problema al protagonista y su solución inmediata.

5.- Quitar de en medio oportunamente a un personaje incómodo.

6.- Crear escenas en que no pasa nada y el personaje reflexiona sobre su pasado.

7.- Narrar acontecimientos que no aportan nada a la historia principal o usar elementos y detalles que no van a tener continuidad ni papel alguno en la historia.

8.- Escribir dos escenas que cuenten lo mismo.

9.- Definir con palabras vagas o generales como "alucinante" o "increíble".

10.- Cambiar de género a mitad de la trama.

11.- Crear escenas que sean escenarios para que un personaje medite o recuerde su pasado.

12.- Que el protagonista recapitule sobre sucesos ya narrados sin aportar nada nuevo.

13.- Pensar que un solo párrafo no puede sustituir veinte páginas del texto.

14.- Mostrar interés por menores o contacto físico con niños.

15.- Hacer que dos amigos en una borrachera duerman en la misma cama.

16.- Que la historia no empiece nunca.

17.- Plantear problemas que quedan sin resolver.

18.- Hacer que hechos que parecen importantes no lo sean.

19.- Empantanar la historia con recuerdos.

20.- Extenderse en el relato de una infancia sin motivo ni razón.

21.- Meter sueños.

22.- Dejar que las subtramas se desboquen llenando la trama de líneas argumentales sin mayor motivo.

23.- Escribir un desenlace sin precedentes en la narración.

24.- Revelar en los antecedentes el desenlace.

25.- Plantear antecedentes que no están a la altura del desenlace.

26.- Entorpecer el clímax con detalles innecesarios.

27.- Contar al final lo que se ha venido contando a lo largo de la historia.

DEBES PREGUNTARTE

1.- ¿Tienes una gran pregunta dramática?

2.- ¿Tienes un protagonista con un gran objetivo y distintos obstáculos?

3.- ¿Tiene tu protagonista tanto obstáculos externos como internos?

4.- ¿Hay un planteamiento, un nudo y un desenlace?

5.- ¿Has conseguido que el planteamiento no sea demasiado largo ni contenga explicaciones excesivas?

6.- En el nudo ¿se multiplican los conflictos?

7.- Los acontecimientos que tienen lugar en el nudo, ¿tienen causas y efectos relacionados entre sí?

8.- ¿Hay una crisis, un clímax y un conflicto que tienen consecuencias en el desenlace?

9.- ¿Es el desenlace plausible, satisfactorio y no demasiado extenso?

EJERCICIOS

1.- Coge una de tus obras favoritas de ficción e intenta averiguar cuál puede ser su gran pregunta dramática. Recuerda que se puede responder con un sí, un no, o un quizá.

2.- Piensa en un protagonista que lo tenga todo, un hogar, seguridad económica, una pareja que le quiere. Dale nombre, cuerpo y algunos detalles. Piensa ahora en un objetivo abstracto que persiga. Une a ese objetivo abstracto una meta concreta que pueda funcionar en la historia. Es posible que la meta concreta pueda surgir de algo que le falta en su vida aparentemente perfecta.

3.- Con el protagonista del ejercicio anterior y su objetivo concreto, haz una lista de tantos obstáculos como se te ocurran –internos, externos- que se interpongan en su camino. Y ahora crea una pregunta dramática que se pueda emplear en la historia de ese personaje. Nuevamente hay que recordar que se puede contestar con un sí, un no o un quizá.

4.- Toma el personaje que has creado y escribe una historia que se centre en la gran pregunta dramática que has planteado. Ha de tener planteamiento, nudo con conflictos ascendentes y un desenlace que incluya crisis, un clímax y algunas consecuencias. Esta historia no puede superar las quinientas palabras.

5.- Toma uno de los personajes con los que trabajaste en los ejercicios del capítulo 2. Encuentra una gran pregunta dramática para esa persona. Para encontrar pistas, estudia lo que escribiste sobre ella.

6.- Una persona corre por un lugar caótico abarrotado de gente. Decida adónde va ese personaje y por qué, teniendo presente que este es el clímax de la historia. Y ahora empieza a escribir una historia que se dirija a ese clímax.

4 EL DIALOGO

1.- Qué es el diálogo

El diálogo es lo que dicen los personajes.

La mejor manera de mostrar al lector cómo interactúan los personajes es hacerlos hablar entre ello, es a través del diálogo. Mientras que la narración tiende a dar una sensación de densidad, el diálogo produce sensación de dinamismo al leerse con rapidez.

El escritor tiene dos maneras fundamentales de revelar cualquier momento de la historia: resumiéndolo o a través de escenas. Se resume cuando se cuenta o se describe la acción, y se utilizan escenas para contar los momentos más importantes de la historia, cuando se representa un momento de la vida real mostrando lo que ocurre, siendo entonces el diálogo parte esencial de las escenas.

El lector, a través del diálogo tiene la sensación de ser testigo presencial de cuanto ocurre en la escena

2.- El diálogo como creación ficticia de sensación de realidad

La primera cualidad que debe tener un buen diálogo es la de dar sensación de realidad, pero nunca deben ser reales porque en la realidad los diálogos suelen ser sosos, reiterativos, sin contenido, banales y aburridos por lo que no nos vales para la ficción.

Es importante que el escritor observe y tome nota de como habla la gente, de cómo hablan distinto distintas personas, de la distinta forma que tienen de expresarse según su personalidad, nivel cultural, extracción social, etc. A partir de ese conocimiento y esa experiencia debe ser consciente de que lo que tiene que hacer es crear diálogos que parezcan auténticos, no porque se correspondan con la realidad, sino porque crean la ilusión de que son reales.

3.- Las convenciones del diálogo

Una convención es un acuerdo generalmente aceptado sobre alguna cosa o alguna forma de hacer las cosas.

El diálogo escrito tiene algunas convenciones:

. El guión largo:
En castellano, indica al lector que alguien está hablando.

. El párrafo:
Por lo general el diálogo dedica un párrafo a cada persona con independencia de la longitud de su mensaje.

. Las atribuciones:

Son los incisos del narrador que permiten saber quién dice qué. "Dijo" es el inciso utilizado con más frecuencia. Es muy recomendable no usar adverbios en las atribuciones ni signos de exclamación en los diálogos.

—¡¡¡¡Te odio!!!! —gritó estridentemente.

Las atribuciones deben hacerse sin entrecortar la frase.

Los incisos o interrupciones en mitad de la frase del personaje deben seguir la pauta de las pausas naturales donde el personaje debería coger aire.

— He dejado —dijo ella— de respetarle.

Mejor:

— He dejado de respetarle —dijo ella.

Los incisos no son la única forma de indicar quién está hablando. Esa información puede darse al lector haciendo que el personaje diga su nombre, aunque esto hay que utilizarlo con cuidado porque la gente no suele utilizar el nombre cuando habla a otra persona.

— Lo siento, María José, pero he de irme.

Otra forma de atribuir un diálogo consiste en relacionar una acción con el mismo indicando el nombre de quién la realiza.

— No llegarán a tiempo —dijo Mario dejando la pluma sobre la mesa.

O con un pensamiento:

— A la calle atocha, 43 —Martín pensó si no había sido demasiado brusco—. Por favor —añadió.

No es necesario utilizar atribuciones por cada frase del diálogo, siempre y cuando quede claro quién está hablando y cuándo.

4.- <u>Las acotaciones</u>

La escena puede quedar más viva si se añade una acción física al diálogo. Es importante considerar las posibilidades que esta opción proporciona porque se puede deducir la personalidad de alguien viendo cómo interactúa con los demás. De cómo se habla con las manos, se pasa la mano por el cabello, pone derecho un cuadro, ríe demasiado alto, se puede deducir que la persona es gregaria, maniática, nerviosa o actúan de forma llamativa para que se fijen en ellos. Estos gestos mezclados con los diálogos ofrecen una idea mucho más sutil e imaginativa que si el autor se limita a decir "ella intentó seducirle" o "Martin estaba nerviosos".

Si el autor no da pistas sobre si los personajes están sentados o de pie, comiendo o conduciendo, parecerán cerebros flotantes recitando palabras. Al mezclar los detalles significativos con el propio diálogo, el autor ilumina los personajes y dota a la escena de una sensación de presencia real.

Los pensamientos pueden ser usados como acotaciones.

— Eso es una falacia.

— Una falacia, claro… —Pedro no estaba seguro de lo que quería decir esa palabra.

Las acotaciones resultan especialmente útiles en caso de conflicto entre lo que dice un personaje y lo que siente o piensa.

— No me importa que te vayas —dijo mientras comenzaban a saltársele las lágrimas.

Es conveniente sumar una acción o un pensamiento si el tono de las palabras que se dicen necesita una explicación.

— Eres malo —dijo dando un portazo al salir.

— Eres malo —dijo cogiéndole la mano.

Por último, es necesario considerar que si nos pasamos con las acotaciones, la escena quedará sobreactuada.

5.- El diálogo indirecto

El diálogo directo es aquel que muestra las frases reales que dicen los personajes.

El diálogo indirecto es el que se describe de forma resumida, en lugar de aparecer en forma de escena. Viene bien cuando la esencia de lo que se dice es más importante que las palabras exactas. La ventaja es que se transmite la información en menos espacio y se evita lo que podría ser una conversación monótona o intranscendente.

De este modo, una vez elegida la opción de si un pasaje en concreto se presenta en forma de diálogo, se podrá elegir entre que sea un diálogo directo o indirecto.

Existe una modalidad conocida como estilo indirecto libre que combina el estilo directo y el estilo indirecto de modo que se reproduce lo que dice el personaje pero en la voz del narrador y en tercera persona, informando de las acciones, palabras y pensamiento sin usar acotaciones como "dijo" o "pensó".

"Contrariado, fue a hablar con su hermana. No tardó en regresar. Las luces estaban apagadas. ¿Se había marchado Laura? No merecía que todo terminara así. Jamás se lo perdonaría".

6.- El diálogo y los personajes

Un personaje engancha al lector fundamentalmente por lo que dice. Es fundamental que lo que dice un personaje de ficción suene auténtico, por lo que es necesario tener en cuenta que toda persona habla de una manera singular. El autor debe dotar de rasgos únicos a sus personajes y en el habla debe actuar de la misma forma, evitando que todos los personajes hablen igual o que hablen como el autor. Lo que diga y la manera que lo diga indica cómo es el personaje, por lo que su forma de hablar debe estar vinculada a sus rasgos temperamentales y emotivos.

La gente utiliza con frecuencia expresiones o muletillas que utilizan continuamente.

Conviene tener en cuenta que cuando una persona habla, suele acompañarse de su expresión corporal, además si una persona es nerviosa, hablará con frases rápidas e incompletas; si es tímida, tendrá un tono de voz inseguro y bajará la vista. Las personas adoptan posturas y gestos cuando hablan.

El diálogo no solo nos transmite una idea de quiénes son los personajes, sino que puede mostrar la interacción que hay entre ellos de modo que podemos conocer si existe tensión, se llevan bien o no se soportan.

7.- El subtexto

El subtexto es el significado real que hay por debajo del significado literal de lo que se dice.

No siempre que una persona habla dice aquello que exactamente quiere decir. Hay ocasiones en que incluso se quiere decir lo contrario de lo que se dice. Es bueno tener en cuenta que poner de manifiesto en algunos diálogos una mala comunicación mejora la ficción porque la equipara a la vida real. Los malentendidos también pueden añadir tensión a una conversación. Lo importante del diálogo es lo que está implícito, su carga de doble sentido y de implicaciones.

8.- <u>Los malos diálogos</u>

Son aquellos que hacen parecer a los personajes marionetas del autor sin vida propia

Son aquellos en que un personaje le dice a otro lo que éste ya sabe sin duda.

Son aquellos que incluyen largas explicaciones en el párrafo del diálogo.

Son aquellos en que el autor aprovecha la atención del lector para exponer sus propias opiniones sobre política, religión o prejuicios sociales. No se debe arengar a los lectores pues se sentirán manipulados y aburridos.

Los tacos escritos resultan más chocantes y vulgares que dichos.

IDEAS PARA NO OLVIDAR

1.- El diálogo es una de las mejores formas de hacer interactuar a los personajes.

2.- El diálogo da sensación de dinamismo.

3.- El lector tiene la sensación de ser testigo presencial a través del diálogo.

4.- El dialogo debe dar la ficticia sensación de que los personajes hablan como en la realidad (lo que no ocurre).

5.- Las acotaciones sirven para orientar al lector en lo que se dice y quién lo dice.

6.- El diálogo puede ser directo cuando se reflejan las frases tal y como se dicen o indirecto cuando se describe lo dicho.

7.- Un personaje cae bien o mal al lector por lo que dice.

8.- Para que lo que dice un personaje suene auténtico hay que tener en cuenta que toda persona habla de forma singular, que usa muletillas, que se acompaña de su expresión corporal y que lo hace según su personalidad.

9.- Se puede decir una cosa y pensar o sentir lo contrario o transmitir algo diferente.

10.- Un mal diálogo aburre al lector y lo desconecta de la historia.

LO QUE NO HAY QUE HACER

1.- Escribir diálogos al margen de las convenciones establecidas para hacerlo comprensible.

2.- No dejar claro quién habla.

3.- Que el autor diga al lector lo que debe pensar de lo que ha escrito, manipulándolo para que crea que el diálogo es magnífico.

4.- Utilizar adverbios sin necesidad.

5.- Usar demasiados tacos.

6.- Hacer que los personajes hablen como si hiciesen un análisis descriptivo.

7.- Olvidarse de otros personajes si están presentes.

8.- Hacer que el personaje informe de sí mismo mediante una parrafada.

9.- Hacer que los personajes se digan cosas que ambos conocen.

10.- Que un personaje revele intimidades a otro que no conoce lo suficiente.

11.- Arengar al lector con la propia ideología.

DEBES PREGUNTARTE

1.- ¿Usas diálogos y escenas en los puntos más importantes de tu historia?

2.- ¿Suena real tu historia o va directa al grano?

3.- ¿Tu manera de marcar las voces del diálogo llaman demasiado la atención sobre sí mismas?

4.- ¿Utilizas acotaciones escénicas para mejorar tus diálogos?

5.- ¿Suenan tus personajes diferentes entre sí y de la forma más adecuada para quiénes son?

6.- ¿Hay algún punto en que tus diálogos se puedan mejorar utilizando subtextos?

7.- ¿Contienen tus diálogos explicaciones pesadas o dialectos molestos?

EJERCICIOS

1.- Piensa en una conversación real que hayas tenido últimamente, trata de escribirla tal cual de la forma más literal posible sin quitar las partes aburridas y sin mejorar el estilo. Escribe el nombre de la persona que habla al lado de cada párrafo. Ahora escríbelo de forma concisa y dramáticamente interesante. Después atribuye nombre ficticios y da libertad a los personajes para embellecerlo un poco.

2.- Vuelve a escribir el diálogo anterior añadiendo incisos y acotaciones. Los incisos deben dejar claro quién está hablando y tus acotaciones deberían ofrecer alguna connotación o significado adicionales. Resulta útil que uno o más personajes estén envueltos en una acción física.

3.- Retoma el anterior diálogo y transmite la idea general con unas pocas frases de diálogo resumido o indirecto. Además de reflejar los hechos, insinúa la personalidad de los personajes y/o la tensión en su conversación. Decide ahora si viene mejor a esta conversación un diálogo directo o por un diálogo resumido.

4.- Laura se detiene a echar gasolina en un lugar remoto. Mientras rellena el depósito, Roque, el empleado se acerca a ella. No tiene demasiados estudios pero es listo y, al estar aburrido y ser simpático, quiere establecer una conversación con Laura que no tiene ganas de hablar, pero tampoco quiere alejarle porque quiere preguntarle por algún hotel cercano que no sea demasiado caro. Escribe una escena entre los dos usando diálogos, incisos, atribuciones y acotaciones. El objetivo es captar la sensación de cómo son esas personas por su forma de hablar.

5.- Imagina una pareja. Dales nombres y plantéate quiénes son. Uno sospecha que el otro le está siendo infiel de alguna manera y el segundo es de alguna manera culpable. Escribe una conversación en el que este tema no se mencione pero que flote por encima de las palabras que se dicen. Mantén la conversación centrada en un filete de merluza, que es lo que están cenando, o en algún otro tema adiciona. Comprueba si el resultado final no tiene un cierto toque de realidad.

5 EL PUNTO DE VISTA, EL NARRADOR Y LA VOZ NARRATIVA

Denominamos punto de vista al punto desde donde el lector observa el mundo que ha creado el escritor.

Una misma historia puede ser contada de muy diversas maneras, tantas que incluso una misma historia puede parecer distinta, dependiendo del punto de vista que el autor elija para contarla.

Imaginemos un triángulo amoroso en el que la esposa infiel, con la excusa de un congreso profesional, deja a su marido a cargo de los niños y se va con su amante que acaba de dejar a su mujer. Esta historia puede ser narrada desde el punto de vista del personaje que se elija y, como cada uno vive esa misma historia de un modo distinto, cada historia resultará tan diferente que de hecho parecerá distinta.

Resulta así evidente la importancia fundamental que tiene la elección del punto de vista desde el que se va a contar la historia, porque dependiendo de él resultará más eficiente narrarla a través de un narrador interno o externo; si elegimos un narrador interno, podrá ser el propio protagonista el que narre en primera persona o será un narrador testigo que desde el punto de vista de un personaje secundario dará cuenta de las acciones sin poder entrar en el pensamiento de los personajes; si decidimos que la narración la realice un narrador externo, éste podrá ser omnisciente y lo sabrá todo de todos al tener acceso a hechos, pensamientos y emociones de todos los personajes, o equisciente si sólo tiene acceso a la mente del protagonista, o un narrador cámara que tiene libertad de movimiento en cuanto al campo de visión, pero no puede acceder a la mente de los personajes que quedan reflejados por sus acciones

A su vez, la elección del narrador va a determinar la reacción emocional de los lectores frente a los personajes y sus acciones, porque va a imponer o hacer conveniente una u otra voz narrativa, ya que esos matices emocionales harán que la historia se narre de forma coloquial, formal, informal, solemne o lírica, o desde la ambigüedad, la precisión, la frialdad, la ironía, la sospecha, la exaltación, la crueldad, etc. La voz es el modo en que se cuenta la historia, es el grado y clase de emotividad con que se narra, y de ello va a depender que resulte más o menos interesante.

La voz es cómo los lectores "oyen" en su cabeza cuando leen. La voz condiciona que se adopte un tono grave, o más despreocupado y frívolo incluso; y un volumen alto medio o bajo dependiendo de lo tajantes y rotundos que sean los planteamientos.

Al final, toda esta serie de elecciones habrán condicionado el tema de la narración, pues dependiendo del punto de vista, el narrador, la voz y el tono, la novela, en el ejemplo del triángulo amoroso antes mencionado, tratará sobre el arrepentimiento, la. imposibilidad del matrimonio, la infidelidad, la naturaleza de la vinculación de una promesa, lo tenue del amor, la ligereza de las mujeres, la perfidia de los hombre, etc.

EL PUNTO DE VISTA

1.- Qué es el punto de vista

Como ya ha quedado dicho, una misma historia puede ser contada de muy diversas maneras, dependiendo del punto de vista que el autor elija para contarla.

El punto de vista se basa en un concepto muy básico: las cosas se ven de manera diferente dependiendo de quién las está mirando y desde qué perspectiva las mire.

El punto de vista nos puede revelar cosas que de otra manera pasarían desapercibidas, además de marcar la distancia a la que se están viendo los acontecimientos.

El punto de vista determina:

. Si el que habla es el narrador o un personaje.

. De quién son los ojos que están viendo el modo en que los acontecimientos se despliegan en la narración.

. De quién son los pensamientos a que tiene acceso los lectores.

. Desde qué distancia se observan los acontecimientos.

La multitud de modos de manejar estas cuestiones hacen que el punto de vista resulte un tema bastante complejo.

2.- Tipos de punto de vista

2.1. El punto de vista espacial

Es el que corresponde con el lugar en el espacio que

ocupa el narrador escogido.

Dependiendo de si el punto de vista elegido esté en el interior del personaje o en el exterior, el narrador será el protagonista, otro personaje o un narrador externo.

2.2.   El punto de vista temporal

En general, toda historia puede ser contada en presente, en pasado o en futuro.

Cuando el narrador coincide en el tiempo con la historia que cuenta, convive con los hechos que expone y por tanto debe narrarlos en presente para transmitir sensación de inmediatez. El presente es un recurso que también puede ser usado para ralentizar e incluso parar una acción.

Para narrar hechos anteriores al punto temporal en que se sitúa el narrador, se utiliza el pretérito indefinido para contar esos hechos que están ocurriendo en un tiempo pasado.

El narrador puede referirse a hechos futuros o situarse en el pasado para narrar hechos del presente o del futuro.

2.3.   El punto de vista de nivel de realidad

El escritor ha de hacer la ficción verosímil que no significa verdad ajustada a los hechos sino cualidad de ser creíble, con independencia de que sea verdad o no.

Lo importante, ya se trate de un relato situado en el mundo real o en un mundo de fantasía, es que el mundo real se ajuste a las reglas físicas conocidas y a la lógica que de ellas se derivan, y que el mundo de fantasía sea coherente con las normas que el escritor establece.

EL NARRADOR

1.- Quién es el narrador

Toda historia de ficción ha de ser contada por alguien y es al narrador a quién corresponde esta función.

El narrador desarrolla el discurso narrativo al relatar los hechos, presentar a los personajes, describirnos sus acciones, sus pensamientos, sentimiento y emociones, al relatar qué dicen y cómo interactúan dando siempre la información justa y organizada de un modo ingenioso desde el enfoque más eficaz.

El narrador puede ser uno de los personajes, en cuyo caso estaremos ante un narrador interno que narrará en primera persona, o puede ser un tercero, en cuyo caso estaremos ante un narrador externo que narrará en tercera persona. El uso de la segunda persona no fue sino una novedad pasajera en la historia de la literatura que no se generalizó.

2.- Tipos de narrador

2.1.   Narradores internos (en 1ª persona)

Es autor puede elegir a uno de los personajes de la historia para que para que sea el narrador. Este narrará desde el interior de sí mismo y lo hará en primera persona.

Podemos distinguir las siguientes categorías de narrador interno:

2.1.1. Narrador protagonista:

La historia se narra desde dentro del propio protagonista.

El protagonista es el personaje que atrae toda la atención y sin embargo, el narrador no debe atraer la atención sobre sí. Este problema se resuelve de modo que el protagonista atraerá la atención del lector sobre su actuación estelar, pero no sobre su voz.

El hecho de que el protagonista sea a la ver el narrador, proporciona la ventaja de producir un efecto de ausencia de intermediario y, al teñirse la exposición de subjetividad, el lector sólo verá lo que el protagonista ve y sólo a través de él conocerá el mundo de ficción en el que se mueve y al resto de los personajes.

Como limitación, cabe señalar que este tipo de narrador no sirve para reflejar distintas maneras de ver el mundo, sino una sola y el resto de los personajes no pueden ofrecernos su forma de verlo.

Tampoco se podrá recurrir al apoyo de personajes secundarios con tanta facilidad como con otro tipo de narradores para que ayuden al protagonista.

Debe evitarse la identificación autor-narrador-protagonista que rompa la esencia del personaje de ficción y que haga olvidar que la función del personaje es desarrollar unas acciones propias que conformen la historia.

2.1.2 Narrador testigo

Se da cuando un personaje secundario es además el narrador.

Se suele utilizar para centrar el interés del lector en la sucesión de acciones, y no tanto en los distintos modos de ver el mundo de los personajes. El narrador, al ser uno de los personajes, no se podrá introducir en la mente del protagonista ni en la de los personajes principales. Actuará de mero transmisor de los hechos.

2.1.3. Narrador en primera persona: Visión única, visión múltiple.

. Visión única: Es la proporcionada en primera persona por el protagonista o un personaje secundario.

. Visión múltiple: Por lo general es sólo un narrador el que utiliza la primera persona, pero pueden haber narradores múltiples. Se trata de que exista más de un testigo narrando en primera persona los acontecimientos. Puede utilizarse para narrar una y otra vez la misma historia desde distintos puntos de vista correspondiente a varios personajes. Obliga al lector a participar para darle sentido a la historia al tener que descifrar similitudes y diferencias de cada versión. Es una técnica usada cuando se narra la historia en base a un intercambio epistolar.

2.2. Narradores externos (en 3ª persona)

Son narradores cuyo punto de vista se sitúa fuera de los personajes. Podemos distinguir entre los que tienen acceso a la mente de los personajes y los que sólo pueden narrar sus acciones gestos y diálogos como si de una cámara de cine se tratara.

2.2.1. Narrador omnisciente

Por medio de este narrador sabemos lo que piensan los personajes y por qué actúan como lo hacen. Da además la posibilidad de trasladarse de uno a otro hilo de la acción sin problemas.

Un inconveniente de la omnisciencia es la de transmitir al lector cierta sensación de inverosimilitud. Para evitarlo, sólo se reflejarán los pensamientos de los personajes cuando sea absolutamente necesario para la historia; en las demás ocasiones se les enfocará desde fuera, quedando expuesta la historia por medio de sus gestos y acciones. Otra cosa que se debe evitar es hacer juicios de valor sobre los personajes, pues la narración se hace entonces poco creíble para el lector.

Estos son los poderes de la omnisciencia: meterse en la mente de cualquier personaje, interpretar los acontecimientos, describir incidentes inadvertidos, ofrecer el contexto histórico o revelar acontecimientos futuros.

El narrador omnisciente se usa cuando la historia es demasiado compleja para circunscribirla a una sola perspectiva y cuando además tiene importancia en ella los diferentes modos de ver el mundo de los personajes.

2.2.2. Narrador equisciente

Es un narrador omnisciente pero que sólo tiene acceso a las acciones y a la mente del protagonista. Se acerca en cierto modo al narrador protagonista pero sin fundirse con el personaje y permaneciendo en el exterior, por lo que la narración está en tercera persona. En este tipo de narrador las ventajas de la omnisciencia y la del acercamiento al protagonista casi como si no hubiese intermediarios.

2.2.3. Narrador cámara u objetivo

Es el narrador que teniendo libertad de movimiento en cuanto al campo de visión, no puede introducirse en la mente de los personajes que quedan reflejados sólo por sus acciones y diálogos pero nunca por sus pensamientos.

Se caracteriza por adoptar una perspectiva cinematográfica con relación a la historia y a los personajes.

LA VOZ NARRATIVA

1.- <u>Que es la voz</u>

La voz es el modo en que se cuenta la historia desde el punto de vista emocional, como resultado de la implicación del narrador en ella, y que condiciona a su vez la intensidad y la tensión que la historia transmite al lector.

La voz es lo que los lectores oyen en su cabeza cuando están leyendo. La voz es el sonido de la historia.

Es el grado de emotividad, sentimiento, intención, ironía, doble sentido, profundidad, intimidad, cercanía y otros matices emocionales con que se narra la historia y que le proporcionan la vitalidad necesaria para cautivar el ánimo del lector, consiguiendo que se interese por lo que ocurre en ella, porque puede contarse lo mismo con una voz apremiante, paródica, resuelta alarmista, desafiante, poética, confesional o de mil formas más, y con cada voz, la historia resultará distinta. Es la voz la que determina la intensidad emocional con que el lector percibe lo que está leyendo.

Cuando la narración transmite que al narrador le afecta lo que está contando y se implica, la historia se hace creíble y esa credibilidad se traslada al lector que a su vez se siente afectado y también se implica. El lector se siente entonces emocionalmente vinculado a la historia.

No debemos confundir la voz del escritor y la del narrador como una misma cosa. La voz es la del narrador en cada relato. La voz del escritor está compuesta por los rasgos comunes que tienen sus obras en este sentido.

Por encima de todo, la voz narrativa debe sonar natural, relajada de modo que forme parte integral de la ficción y el lector esté también relajado e imbuido en la lectura.

La voz es determinante en el escritor que la domina. Tanto que sus historias llevan una marca que evidencia que sólo él puede haberlas escrito de ese modo. A diferencia del estilo, la voz no puede ser imitada. Un escritor con voz propia podría coger cualquier texto escrito por otro y experimentar con escribirlo él, para comprobar que el resultado sería haber creado algo distinto, nuevo y original.

2.- Tipos de voz

El punto de vista elegido va a condicionar el tipo de voz a utilizar. Si se utiliza un narrador interno que nos habla en primera persona, la voz deberá encajar con la personalidad del protagonista o con los rasgos característicos del personaje elegido. Un narrador en primera persona debe contar la historia de manera natural. Si se utiliza un narrador externo y se utiliza la segunda o loa tercera persona, es un narrador quien cuenta la historia y podrá sonar o no como el escritor. En este caso, además, la voz del narrador se verá afectada por la distancia emocional con que realice la narración. El narrador puede sentirse más cercano emocionalmente a los personajes o contar la historia desde una mayor distancia, como si se encontrara fuera de los acontecimientos.

No existe una convención generalmente aceptada sobre los tipos de voz dado que su variedad puede resultar infinita, pero para entender las distintas opciones, a continuación se mencionan algunos tipos generales.

2.1. La voz coloquial

La voz coloquial es muy parecida a la de un narrador que mantiene una conversación informal con el lector. Sería el caso de *Las aventuras de Huckleberry Finn* de Mark Twain o de *El guardián entre el centeno* de J. D. Salinger. La voz coloquial suele hablar en primera persona y por tanto utilizar un narrador interno, bien sea el protagonista u otro personaje. Esta voz suele utilizar patrones de habla coloquiales y jergas.

Esta voz facilita que los narradores desplieguen totalmente su personalidad, pero debe tenerse mucho cuidado en no parecer que el narrador desvela todos sus detalles íntimos sin motivo real.

2.2. La voz informal

La voz informal es una categoría muy amplia que no es tan libre y desenfadada como la coloquial, aunque tampoco requiere la elegancia de otras voces más serias.

El narrador en primera persona no se manifiesta tan comunicativo como en la voz coloquial, aunque se trata de un tipo medio que bebe y puede fumar hierba.

Con la voz informal, el narrador utiliza un lenguaje coloquial y cotidiano sin estar tan marcado por la personalidad del personaje cono con la voz coloquial.

Esta informalidad también se puede transmitir con narradores en tercera persona, y por tanto externos, y aunque el narrador no es un personaje, suena bastante parecido a una persona real.

Se puede utilizar una voz informal en tercera persona para hacer que el narrador parezca o muy cercano o muy lejano a los sentimientos expresados por los personajes. Si lo que se pretende es que se ubique a mitad de camino, se puede trabajar en primera persona pero sin que el narrador domine la historia.

2.3 La voz formal

Es la voz más tradicional y más utilizada en la narrativa clásica. Con frecuencia transmite un cierto alejamiento de los personajes. El narrado es frecuentemente, aunque no siempre, en tercera persona y se mantiene como observador.

En ficción contemporánea puede utilizarse en una historia épica que cubra varias generaciones, un amplio reparto de personajes y diversas ubicaciones.

2.4. La voz solemne

Lo mismo que la voz coloquial, pocas veces se utiliza en tercera persona. Esta voz obliga al lector a ir más despacio, transmitiendo que se está asistiendo a un acontecimiento importante. La desventaja es que con frecuencia puede sonar forzada y quitar energía a la narración.

2.5. Otras voces

En realidad la voz de una historia puede adoptar cualquier forma posible, siempre y cuando se tengan motivos para usarla y resulte justificada.

La literatura está llena de ejemplos que no encajan en ninguna de las definiciones anteriores, como *El diario de Bridjet Jones* de Helen Fielding, escrito como un diario. Es un libro muy informal; o como *En el camino* de Jack Kerouac, en el que la voz se vuelve lírica hasta sonar como verdadera poesía de la mano de un narrador introspectivo y con frecuencia ebrio

3.- El estilo

Con frecuencia se utilizan los términos "voz" y "estilo" como sinónimos, pero hay una enorme diferencia entre estos términos desde la perspectiva del escritor. El estilo está formado por las diversas decisiones técnicas que adopta el autor y determinan su forma de escribir, la voz es el resultado de la suma total de esas decisiones puestas al servicio del narrador de la historia concreta.

El estilo es la proyección de la personalidad del escritor en tanto que es capaz de transferir al papel sus emociones y su percepción del mundo. Es el sabor de lo que el autor escribe que no se alterará de forma apreciable por mucho que se pula y se corrija.

3.1.   Herramientas útiles del estilo

3.1.1   Las palabras

La palabra es la herramienta básica del estilo. Se caería en un gran error pensando que cualquier palabra vale para ser utilizada en la historia que estamos contando, que basta dar rienda suelta e improvisar utilizando las palabras que de manera natural se nos ocurren en el momento. Nada más lejos de la realidad. Las palabras a utilizar han de ser las adecuadas y para eso es necesario conocer al narrador del relato, y saber el tipo de palabras que alguien así se muestra inclinada a utilizar, además es necesario asegurarse que las palabras utilizadas encajan en la voz elegida.

Como en otros aspectos, no es necesario establecer un control férreo sobre este aspecto desde el principio pues, tras escribir con libertad se revisará y corregirá cualquier incongruencia que encontremos en lo escrito.

3.1.2   Las oraciones

Las palabras no crean voz ni estilo por sí mismas, lo que da fluidez a un escrito es el modo en que las palabras se juntan para componer oraciones.

Una oración no es otra cosa que la expresión de un nuevo pensamiento.

La forma de colocar las palabras en las oraciones es la decisión estilística que se puede adoptar.

3.1.3   Las frases

Son el modo en que un escritor expresa una idea o un pensamiento.

Una frase ingeniosa será aquella en la que el significado esté por encima o sea mayor que el significado concreto de las palabras que lo expresan.

Las decisiones a tomar respecto a las frases se refieren a dos aspectos básicos: su longitud, y su sintaxis o lo que es lo mismo, su estructura.

Las frases largas y grandilocuentes dan a la

narración una cualidad mítica, las cortas dan sensación de mayor naturalidad y cercanía.

Con independencia de la decisión tomada, conviene cambiar de vez en cuando la longitud de las frases para no aburrir al lector.

3.1.4. El párrafo

Es la división de un escrito señalado por una letra mayúscula al principio y un punto y aparte al final. Contiene un conjunto de frases que desarrollan una misma idea, por lo que en general un cambio de párrafo indica un cambio de pensamiento, o un salto en el espacio o en el tiempo.

No obstante existe mucha flexibilidad en la interpretación de cuándo se debe introducir un punto y aparte por lo que en realidad queda al buen criterio del escritor, en función de lo que está escribiendo.

El punto y aparte se utiliza también para separar la narración de los diálogos, aportando una interesante energía a la voz narrativa, dado que el narrador y los diálogos suelen utilizar distintos niveles de lenguaje.

3.1.5. El ritmo

Es la cadencia regular y armoniosa que se obtiene combinando acertadamente duraciones, pausas y acentos en las sílabas largas, breves, tónicas y átonas, produciendo una sensación de que los sonidos se suceden a intervalos regulares de tiempo.

Aquí la longitud de las frases, la sintaxis y la ortografía trabajando juntas son las creadoras del ritmo en una combinación que se puede manipular para lograr grandes efectos creativos.

IDEAS PARA NO OLVIDAR

1.- El punto de vista es el punto desde donde el lector observa el mundo que ha creado el escritor.

2.- Una misma historia puede ser contada de muy diversas maneras, dependiendo del punto de vista adoptado.

3.- Dependiendo del punto de vista será elegido el narrador, el tiempo verbal y la voz narrativa.

4.- El punto de vista espacial determina si narra un personaje o un narrador externo.

5.- Dependiendo de que el narrador sea interno o externo se utilizará primera, segunda o tercera persona.

6.- El punto de vista temporal decide si se cuenta la historia en presente, pasado o futuro.

7.- El punto de vista de nivel de realidad determina si la ficción lo es sobre el mundo real o fantástico.

8.- El narrador puede ser interno y narrará en primera persona. Será entonces el protagonista u otro personaje testigo de cuanto ocurre.

9.- El narrador podrá ser externo y narrará en tercera persona y podrá ser omnisciente, equisciente o cámara.

10.- La voz es el modo en que se cuenta la historia condicionando que el lector se sienta emocionalmente vinculado a la historia.

11.- El punto de vista elegido va a condicionar el tipo de voz a utilizar.

12.- La voz puede ser coloquial, informal, formal, solemne y con otros muchos matices.

LO QUE NO HAY QUE HACER

1.- Elegir un punto de vista completamente inadecuado para tu historia.

2.- Hacer que el punto de vista narrativo cambie de un punto a otro.

3.- Hacer que el narrador omnisciente se meta en todas las mentes.

4.- Hacer que parezca que unos personajes leen los pensamientos de otros.

5.- Hacer que todos los personajes utilicen las mismas imágenes.

6.- Hacer que el narrador de golpe oculte información al lector.

7.- Cambiar los tiempos verbales de forma impredecible.

8.- Utilizar sólo un tiempo verbal.

9.- No dotar al narrador de su propia voz.

DEBES PREGUNTARTE

1.- ¿Cómo funciona mejor tu historia, en primera, en segunda o en tercera persona?

2.- ¿Funciona mejor tu historia con un punto de vista de visión única o de visión múltiple?

3.- ¿Hay algún motivo por el que tu historia debería funcionar mejor con un punto de vista omnisciente u objetivo?

4.- Si estás utilizando un narrador en segunda o tercera persona, ¿hasta qué punto está emocionalmente cerca de la historia y de los personajes?

5.- ¿Estás manteniendo la coherencia del punto de vista?

6.- ¿Has elegido una voz que trabaje en armonía con el punto de vista, con la personalidad de tu narrador y con la distancia emocional de éste con la historia?

7.- ¿Las palabras, las frases, y los párrafos que has elegido apoyan la voz narrativa?

8.- ¿Se mantiene coherente la voz del narrador a lo largo de toda la historia?

EJERCICIOS

1.- Considera que eres el personaje. Escribe un pasaje en primera persona desde el punto de vista de alguien que camina hacia un buzón para enviar una carta en la que rompe con su novia. Escribe ahora otro pasaje sobre otro personaje de distinta edad, condición y características que se dirige al mismo buzón para enviar una carta en la que confiesa haber cometido un crimen. Recuerda que escribes en primera persona pero que es el personaje y no tú el que se expresa.

2.- Escribe un pasaje utilizando el punto de vista de un narrador informal, una niña que observa a los invitados en una fiesta organizada por sus padres. Describe las conclusiones erróneas a las que podría llegar sobre su comportamiento y sus chistes.

3.- Desde un punto de vista de un narrador externo equisciente, narra en tercera persona la discusión entre una vendedora y un cliente en unos grandes almacenes. Muestra el enfrentamiento a través de los ojos del cliente, incluyendo los pensamientos del personaje.

4.- Escribe ahora ese mismo incidente desde el punto de vista de la vendedora. Ahora vuelve a escribir desde el punto de vista del testigo pero en primera persona y decide ahora quién tiene el punto de vista más interesante sobre el incidente.

5.- Utiliza un punto de vista omnisciente para escribir una escena en la que se rompe algo en una boda. Utiliza tres de los cinco poderes de la omnisciencia: meterse en la mente de cualquier personaje, interpretar los acontecimientos, describir incidentes inadvertidos, ofrecer el contexto histórico o revelar acontecimientos futuros. Implica en ella a cuantos más personajes mejor.

6.- Toma lo escrito para el anterior ejercicio y nárralo desde el punto de vista cámara u objetivo, como un periodista que estuviese escribiendo la noticia. No puedes meterte en sus pensamientos pero sí desvelarlo a través de su comportamiento.

7.- Toma uno de tus pasajes anteriores escritos en primera persona y utiliza ahora la segunda persona. Cambia lo que estimes necesario para que encaje con el nuevo punto de vista. Compara las dos versiones y su diferente impacto emocional.

8.- Dos coches chocan en una intersección. Escribe un pasaje describiendo el episodio desde distintos puntos de vista: de un adolescente, después desde el de alguien que pertenece a la alta sociedad y para terminar desde el de un vaquero. Decide cómo se han visto involucrado esos personajes en la colisión. En todos los casos utiliza narradores en primera persona y elige el tipo de voz coloquial, informal o formal que más apropiado parezca para cada narrador. Cada pasaje deberá sonar diferente.

9.- Para comprobar el profundo efecto que produce la elección estilística que adoptes, coge las instrucciones de uso de un electrodoméstico y empleando palabras y párrafos diferentes a los que te encuentres en el documento, escribe en tercera persona un texto que convertirás en poético y exquisito o amistoso y familiar.

10.- Escribe una carta a alguien que conozcas bien y háblale de lo que te preocupa sobre la voz y el estilo. Cuándo la hayas terminado analiza la voz y el estilo de la carta.

6   EL TEMA

1.- Qué es el tema

Es el asunto de fondo, es aquello sobre el que trata la historia. Es el contenedor; el recipiente que lo contiene todo. La forma que adopte la trama, los personajes, los diálogos, la ambientación, la voz y todo lo demás vendrá dado por el tema.

El tema no debe ser confundido con el mensaje. Tampoco debe el escritor confundirse tratando de crear temas que resuelvan los problemas del mundo, basta con iluminar algún aspecto de la vida y dejar que el lector vea lo que hay ahí.

El tema actúa como idea unificadora de la historia porque bien definido aporta a la historia un cierto enfoque, un centro y permite al escritor presentar sus ideas de manera sencilla.

2.- Conocer el propio tema

Se escribe mejor la historia si el escritor sabe cuál es el tema de su relato. Lo necesario es que lo conozca él. El lector no necesita saber exactamente cuál es, pues puede que obtenga sus propias conclusiones, que no tienen que coincidir con las que el escritor pretende que obtenga. El escritor que debe ser consciente del tema de su historia, no debe obligar al lector a tragárselo Lo importante es que el escritor sí que lo tenga claro, porque si lo domina, dará sentido a todo lo escrito y hará que todo o casi todo lo escrito esté relacionado, creando una especie de resonancia que unificará la historia. El tema todo lo toca.

Conocer el tema brinda una forma excelente de revisar la historia pues permite expandir o revivir la trama de una forma más natural y profunda; permite adoptar decisiones importantes sobre lo que mantener y no mantener de la historia. Conociendo el tema, el escritor puede añadir cosas sin temor a equivocarse o a confundir al lector, porque todo tiene sentido. La repetición de elementos temáticos hace que la historia gane en profundidad. Si se ofrecen suficientes elementos relacionados con el tema, el lector tendrá una imagen más clara de una historia que tiene un núcleo, en lugar de estar frente a una historia que avanza como lo hace la vida, sin estructura ni resonancia.

3.- <u>Cómo conocer el propio tema</u>

Siendo, como hemos visto, imprescindible que el escritor conozca el tema de la historia que escribe, hay que decir que no es necesario comenzar al principio con el tema en mente porque se corre el riesgo de escribir un relato didáctico y poco memorable. Es más, la mejor forma de evitar que el tema aparezca de manera exagerada o visible es no empezar con él. El escritor debe simplemente empezar contando una historia.

Contar una historia llevará al escritor a su núcleo y en el núcleo de toda historia es donde se encuentra el tema.

El mejor momento para pensar sobre el tema es una vez escrito el primer borrador. La clave está en dejar que el tema emerja de manera natural a partir de la historia que se cuenta y no imponerlo desde arriba.

Una técnica para conocer el tema es hacerse preguntas de carácter general tales como:

. ¿Implican las acciones de los personajes alguna verdad universal?

. ¿Representa el triunfo del bueno sobre el malo el bien que triunfa sobre el mal?

. ¿Qué alguien salve al héroe implica que existe la providencia?

. ¿Busca el personaje sus llaves como representación de una búsqueda de la clave del significado de la vida?

También se puede plantear si hay un contexto social en el relato:

. ¿La relativa pobreza de tu protagonista implica que el relato trata sobre la pobreza en general?

. ¿Implica la agresividad del leñador que tala en el bosque que el relato trata sobre la destrucción de la naturaleza por el hombre?

O pueden plantearse otras preguntas como:

. ¿Qué hizo al escritor escribir este relato?

. ¿Está el tema enterrado en la motivación que llevó al escritor a escribirlo?

. ¿Trata el relato de la distancia?

. ¿De los viajes?

Para que el escritor encuentre el tema de su relato, también puede buscar palabras o imágenes repetidas, buscar frases individuales y entrever alguna cosa a partir de ellas. Al revisar el primer borrador es bueno que el escritor en el margen los posibles temas o las pistas de los posibles temas; también es bueno rodear con un círculo aquellas palabras o frases que parezcan especialmente conmovedoras que parezcan indicar un tema mayor o las piezas más esenciales del relato.

IDEAS PARA NO OLVIDAR

1.- El tema es el asunto sobre el que trata la historia.

2.- El tema actúa como idea unificadora de la historia, aporta un enfoque, un centro que permite al escritor presentar sus ideas de manera sencilla.

3.- El escritor que debe ser consciente del tema, pero no debe imponerlo al lector.

4.- Conocer el tema permite manejar la trama de una forma más natural y profunda; permite adoptar decisiones sobre lo que mantener y no mantener de la historia.

5.- No es necesario comenzar al principio con el tema en mente.

6.- El escritor debe empezar contando una historia que le llevará a su núcleo, donde se encuentra el tema.

7.- La clave está en dejar que el tema emerja de manera natural a partir de la historia que se cuenta y no imponerlo desde arriba.

LO QUE NO HAY QUE HACER

1.- Intentar adoctrinar al lector en lugar de entretenerle.

2.- Hacer evidentes para el lector los símbolos que la narración contiene.

3.- Expresar el tema a través de un discurso del protagonista.

4.- Presentar los argumentos como si los lectores no compartieran la idea.

5.- Expresar una creencia que nadie en el mundo comparte.

6.- Presentar opiniones como verdades indiscutibles.

DEBES PREGUNTARTE

1.- ¿Has identificado el tema de tu historia?

2.- ¿El tema se inscribe en la historia sin un peso excesivo?

3.- ¿Trabajan todos los elementos de tu historia para apoyar el tema?

EJERCICIOS

1.- Define en una sola palabra o frase el tema de una de tus obras favoritas.

2.- Escribe un pasaje sobre un soldado que vuelve de la guerra y trata de volver a la vida civil. Da cuerpo al personaje y a la ambientación. En el pasaje el personaje debe tratar de desarrollar una actividad cotidiana pero tiene dificultades para hacerlo. Escribe sin pensar en el tema del relato. Una vez tengas escrito el pasaje escribe entre tres y siete temas posibles para él. Elige el que te parezca más interesante y piensa en la dirección que podría tomar la historia utilizando este tema de modo sutil.

3.- Sólo para que veas lo difícil que es escribir una obra corta a partir de un tema preestablecido desde el principio, escribe un relato sobre el tema de la fe. Contempla a tus personajes, situaciones, ambientación, etc., todo aquello que pueda ilustrar este tema de manera interesante y no manida.

4.- Toma uno de los relatos que tengas escrito. Investiga el tema que se oculta tras sus palabras. ¿Dice la situación de los personajes algo sobre la naturaleza humana? ¿Hay alguna frase o expresión que te llame la atención? Una vez identificado el tema, escríbelo. Revisa el relato teniendo el tema en mente. Altera ahora lo que tengas que alterar.

5.- Retoma tu obra de ficción favorita para la que definiste el tema. Céntrate en varias páginas del texto. Escribe todo lo que veas en ellas que parezca estar relacionado con el tema. Cualquier cosa vale: personajes, ambientación, la voz, el título, la primera frase. Si no encuentras gran cosa, decide si el tema se ha ilustrado con mucha sutileza, o no se ha ilustrado lo suficiente, o te has equivocado de tema.

7 OTRAS CUESTIONES DE INTERES

LA DESCRIPCION

1.- Qué es describir

Describir es ilustrar con palabras el relato detallado de algo.

Narrar y describir son operaciones diferentes y complementarias: la narración dramatiza el conjunto de los hechos en el tiempo y la descripción representa elementos en el espacio.

En una obra de ficción, salvo el diálogo, todo es descripción de una manera u otra. En una obra narrativa lo que envuelve al lector es la descripción porque, si es lo suficientemente buena, creará una imagen en la mente del lector que le hará vivir la historia, al verse arrastrado por unas palabras que le hacen creer cada instante como si lo estuviera viviendo y como si realmente estuviera ocurriendo ante él.

2.- Cómo describir

2.1. Describir con los cinco sentidos

Tenemos conocimiento de las cosas que forman el mundo real a través de nuestros sentidos. El conocimiento es en primera instancia una experiencia física a través de la vista, el oído, el olfato, el gusto y el tacto.

Para llevar al lector hasta nuestro mundo ficticio es necesario ofrecerle datos para todos los sentidos, por lo que no basta para describir con referirse a aquello que podemos ver. Una descripción basada en frases generales y descripciones abstractas queda pobre si no damos detalles sensoriales que además sean lo más precisos y personalizados posibles. Sin esta experiencia sensorial, el lector no se sentirá atraído.

2.2.   Describir con precisión

La descripción además de ofrecer detalles sensoriales debe hacer que esos detalles se ofrezcan de forma precisa. Hay que tener en cuenta que el efecto producido por los detalles sensoriales precisos es el de la verosimilitud, la sensación de que los acontecimientos que se describes han sucedido o están sucediendo realmente. Sólo a través de los detalles podemos comprender lo esencial. Una descripción vaga e imprecisa no aporta ninguna imagen concreta y da la sensación de estar escrita con el mínimo esfuerzo. Si el detalle es específico el lector creerá cualquier cosa. Cuando se mencionan los colores, estos han de ser exactos, de igual modo hay que nombrar los tejidos con precisión, los sabores, los instrumentos musicales; en este sentido hasta nombrar marcas puede resultar útil, siempre que no se distraiga al lector por exceso.

2.3   Utilizar las mejores palabras

Toda descripción está construida con palabras. El

desafío del escritor consiste en utilizar la mejor palabra posible, la más adecuada, la más precisa en cada caso para lograr el efecto buscado que es transmitir la imagen de lo que describimos.

Con frecuencia, la palabra justa brota de manera natural al escribir por lo que no hay que obsesionarse con ello en el primer borrador, pero se debe ser cuanto más exigente mejor en las correcciones.

Utilizar buenos diccionarios, tanto ideológico, como de uso, como esencial, práctico, de sinónimos y antónimos facilitarán esta labor.

Los adjetivos y los adverbios son palabras que hay que cuidar especialmente. Como es sabido, los adjetivos describen a los sustantivos y los adverbios describen a los verbos. El exceso en su uso puede arruinar cualquier descripción. Son palabras muy engañosas que parece que ayudan a describir con precisión cuando a la hora de la verdad no consiguen gran cosa. Sólo son efectivos cuando se utilizan con sobriedad, prudencia y adecuadamente. Los buenos escritores hacen un uso muy limitado de ellos pues prefieren apoyar el peso de la descripción sobre sustantivos y verbos sólidos y bien elegidos. Un verbo potente puede aliviar la necesidad de utilizar adverbios; es mejor "ella se deslizaba" que "caminaba ligera".

2.4.　El símil, la metáfora la onomatopeya y la aliteración

Son instrumentos creativos que bien utilizados pueden apoyar la descripción y fluir en la narración sin esfuerzo. Es preciso recordar que se debe huir siempre del tópico.

El símil consiste en comparar una cosa con otra para dar una idea viva y eficaz de una de ellas.

Le dolió como si le arrancaran el corazón.

La metáfora es una figura literaria que consiste en usar palabras en un sentido distinto del que tienen propiamente, pero guardando con este cierta relación de semejanza.

El sol al amanecer era como una bella almendra con bordes de miel.

Las metáforas son más poderosas, pero los símiles resultan más flexibles.

La onomatopeya se produce cuando la propia palabra suena como lo que significa.

Las balas *silbaban* a su alrededor.

La aliteración se produce cuando dos o más palabras tienen el mismo sonido inicial.

Amo a mi mamá.

2.5. <u>La descripción de la vida interior</u>
La descripción también se utiliza para reflejar la vida interior de los personajes, sus pensamientos y sus emociones.
Esencialmente se aplican las mismas reglas de la des-

cripción a las emociones y a los pensamientos que a cualquier otra cosa. Las emociones son físicas y se expresan y sienten en sensaciones, acciones o ambas. Como cualquier descripción se presentan más reales cuando se manejan a través de los sentidos.

No hay límites a la profundidad interior que puede alcanzar una descripción.

EL ESCENARIO

3.- El escenario
Es el ámbito de espacio y tiempo en el que se desarrolla la historia.

Resulta evidente que el espacio y el tiempo condicionan de forma radical el mundo real y la actuación de las personas que han de adaptarse a las circunstancias que un mundo físico concreto y un determinado ámbito temporal imponen. Si partimos de la base de que nada debe ser más real que la ficción, descuidar el escenario o pasarlo por alto provocará que el lector no acabe de entrar en la historia. El lector quiere entrar en la historia, vivir en ella con los personajes y tener la sensación de que lo que lee es real, porque el mundo que rodea a los personajes es tan real que impacta sobre ellos y sobre la historia.

4.- <u>El lugar</u>

Es el espacio concreto en cuyo ámbito se desarrolla la historia.

Se trata de un lugar en el mundo, continente, país, ciudad, calle, edificio, piso en el que se encuentran los personajes.

Cuando se trabaja con un lugar, conviene tener muy en cuenta la climatología pues el clima afecta significativamente el entorno de los personajes y transmite al lector una sensación sensorial de estar presente donde se encuentran los personajes. Es muy importante que tanto el escritor como el lector tengan siempre presente el lugar en el que se encuentran los personajes.

5.- <u>El tiempo</u>

Es el ámbito temporal en el que se desarrolla la historia.

En un sentido amplio viene referido a la era, siglo o año; en un sentido más próximo, viene referido a la estación, el mes el día o la hora.

Al igual que con el espacio, los personajes han de quedar ubicados en el tiempo y tener al lector orientado en este sentido.

6.- <u>La escenificación del estado de ánimo</u>

No podemos olvidar que el escenario afecta el paisaje emocional de un relato afectando a su atmósfera y estado de ánimo de los personajes.

7.- El escenario y los personajes

Como vistan, hablen, se relacionen socialmente, trabajen, viajen, coman los personajes, vendrá determinado por el escenario, porque las personas se comportan de una determinada manera en su hábitat natural y ese comportamiento se ve afectado por un cambio de entorno. Ese cambio es muy común en cualquier historia de ficción. Puede llegarse al extremo de que el conflicto principal sea precisamente lo que le sucede a un personaje en un entorno radicalmente desconocido.

En algunos casos, un entorno cobra tantísima importancia que llega a actuar como un personaje más.

8.- Escenificar los detalles

Los entornos ficticios solo adquieren verosimilitud y credibilidad ante el lector a través de descripciones sensoriales y específicas. En este caso la concisión es importante y las descripciones de los ambientes no deben detener la acción con demasiada frecuencia pues la atención del lector depende del movimiento de avance del relato, por lo que la historia se verá favorecida si se diseminan las descripciones de los ambientes por toda la obra en lugar de plantearlas en pesados bloques. Es bueno también mezclar un poco de acción en las descripciones de los ambientes.

9.- La realidad y el escenario

Es indiferente que la historia se desarrolle en un entorno real o fantástico, lo fundamental es que transmita que el escenario es real y para eso es necesario describirlos con precisión y viveza.

Si el entorno se conoce bien no se debería tener problema en describir los detalles. Si no se conoce el entorno, se debe hacer el máximo esfuerzo de documentación.

Aunque el entorno no fuese real, los detalles deben hacer que lo parezca, en ese sentido, mezclar lo familiar con lo inventado puede dotar de verosimilitud al entorno.

EL RITMO TEMPORAL

10.- El ritmo del tiempo

En un sentido general es el manejo que hace el escritor del tiempo al servicio de la narración, comprimiéndolo o expandiéndolo según lo entienda necesario. El tiempo transcurre para los personajes, pero el autor puede controlar la velocidad o lentitud del mismo. Moverse demasiado deprisa puede confundir al lector, pero avanzar demasiado despacio puede aburrirlo.

Nunca hay que perder de vista que las acciones agilizan el relato; las descripciones lo desaceleran, mientras que las reflexiones dan densidad a la historia.

Resulta evidente que las decisiones sobre el ritmo se verán influidas por la longitud del relato. En un cuento corto se deberá ser muy exigente sobre lo que se despliega o no. En una novela corta o en una normal existe más espacio de maniobra, aunque siempre hay que evitar incluir nada que no produzca un impacto significativo sobre lo que se está contando.

Es muy conveniente planificar el tiempo para cada parte.

11.- El flashback

Es una técnica que permite viajar por el tiempo.

Resultan muy útiles siempre que se dé la necesidad de relatar algo que tuvo lugar antes o después del marco temporal elegido para la historia.

Debe hacerse un uso moderado. Si la historia requiere demasiados flashback, tal vez es que no se ha comenzado en el momento temporal adecuado.

Deben definirse muy bien para no confundir al lector y recordar siempre que deben estar anclados al presente de la historia. Es importante que el lector no se pierda, que sepa siempre con claridad dónde se encuentra.

IDEAS PARA NO OLVIDAR

1.- Describir es ilustrar con palabras el relato detallado de algo.

2.- Una buena descripción tiene en cuenta los cinco sentidos.

3.- La descripción además de ofrecer detalles sensoriales debe hacer que esos detalles se ofrezcan de forma precisa

4.- El desafío de todo escritor consiste en utilizar la palabra más precisa en cada caso.

5.- Los adjetivos y los adverbios son palabras que deben utilizarse con la mayor sobriedad.

6.- Un verbo o un sustantivo potente pueden aliviar la necesidad de utilizar adverbios o adjetivos

7.- El escenario es el ámbito de espacio y tiempo en el que se desarrolla la historia.

8.- El espacio y el tiempo condicionan de forma radical el mundo real y la actuación de las personas.

9.- El lugar es el espacio concreto en cuyo ámbito se desarrolla la historia.

10.- Aspecto esencial de lugar es la climatología que clima afecta significativamente el entorno de los personajes.

11.- El tiempo es el ámbito temporal en el que se desarrolla la historia.

12.- El escenario afecta el paisaje emocional, la atmósfera y estado de ánimo de los personajes.

13.- Como vistan, hablen, se relacionen socialmente, trabajen, viajen, coman los personajes, vendrá determinado por el escenario.

14.- Los entornos ficticios solo adquieren verosimilitud y credibilidad ante el lector a través de descripciones sensoriales y específicas

15.- Lo fundamental es que transmita que el escenario es real y para eso es necesario describirlos con precisión y viveza.

16.-El ritmo temporal es el manejo que hace el escritor del tiempo al servicio de la narración, comprimiéndolo o expandiéndolo.

17.- El flashback es una técnica que permite viajar por el tiempo.

LO QUE NO HAY QUE HACER

1.- Centrar las descripciones sólo en lo que puede verse, olvidando el resto de sentidos.

2.- Describir de manera vaga y genérica.

3.- Describir sólo con lo que puede verse.

4.- Utilizar verbos y sustantivos sin fuerza.

5.- Basar la descripción en adjetivos y adverbios.

6.- Considerar el ámbito espacial y temporal de importancia menor en el desarrollo de la historia.

7.- Describir el escenario vagamente o como algo abstracto al margen de los personajes y la acción.

8.- Ralentizar la historia con descripciones interminables del escenario.

9.- Tratar los estados de ánimo de los personajes al margen del escenario.

10.- No manejar los tiempos al servicio de la historia.

11.- Desorientar al lector a base de flashback.

DEBES PREGUNTARTE

1.- ¿Se dirigen tus descripciones a los cinco sentidos?

2.- ¿Son tus descripciones lo suficientemente específicas y concretas?

3.- ¿Estás usando un exceso de adjetivos y adverbios?

4.- ¿Estás utilizando un lenguaje figurado y unas técnicas líricas cuando resulta adecuado?

5.- ¿El exceso de descripciones ahoga la historia?

6.- ¿Usas detalles significativos?

7.- ¿Tienes cuidado con los tópicos y estereotipos?

8.- ¿Reflejan tus descripciones la conciencia o el punto de vista del personaje?

9.- ¿Has basado tu historia en algún lugar o lugares específicos?

10- ¿Has basado tu historia en alguna época o épocas específicas?

11.- ¿Afectan el lugar y la época elegidos a las acciones de tu historia?

12- ¿Puede el escenario contribuir a mejorar la atmósfera de la historia?

13.- ¿Reflejan los personajes comodidad o incomodidad por la influencia del entorno?

14.- ¿Describes tanto el espacio y el tiempo que ralentizasla acción de la historia?

15- ¿Has elegido los puntos correctos para comprimir o expandir el tiempo?

EJERCICIOS

1.- Tu personaje, que está practicando espeleología con un grupo de amigos, se ha separado del resto en un tramo de la cueva completamente a oscuras y sin linterna; está buscando la forma de salir o de dar con sus compañeros. Escribe un pasaje que dé vida a la escena a partir de experiencias sensoriales. Dado que su visión está muy limitada deberá utilizar el resto de sus sentidos. Se trata de que el lector experimente ese lugar a través de sus sentidos.

2.- Describe con el máximo detalle un lugar que haya marcado un fuerte recuerdo en tu juventud. Escribe un pasaje en el que describas ese lugar con gran detalle. ¿De qué color eran los ladrillos? ¿El tobogán era recto o curvo? ¿A qué distancia estaba el estanque de la casa? Si no puedes recordar detalles clave, reconstruye con la imaginación. Haz lo mismo con alguna persona que conozcas de ese lugar.

3.- Piensa en alguien que conozcas y describe a esa persona de la forma más vívida que puedas sin utilizar un solo adverbio ni adjetivo. Apóyate en sustantivos y verbos potentes.

4.- Céntrate en un solo detalle significativo de tu ejercicio anterior. Algo específico que personifique mejor que otra cosa lo que hayas descrito. Ahora piensa en evitar que la descripción sea demasiado larga y recargada. Realiza una descripción tan económica como descriptiva.

5.- Describe un personaje que está limpiando su casa. Hazlo en primera, segunda y tercera persona de modo que la conciencia del personaje sea la que dé forma a la descripción. El personaje se acaba de enamorar y esa emoción ha de teñir, sin citarla expresamente, la descripción. Escribe nuevamente el pasaje considerando que acaba de pasar por una dolorosa separación romántica. Observa lo diferente que puede ser el mundo dependiendo de cómo se sienta la gente.

6.- Elige uno de tus relatos favorito y observa la rapidez con la que aparece la primera indicación sobre el escenario. Observa si el escenario se mezcla poco o mucho con la acción y con la descripción. Revisa la historia usando un lugar y una época diferente.

7.- Retoma algo que hayas escrito para realizar los ejercicios anteriores. Si no has resuelto el asunto del lugar en el relato, resuélvelo. Ubica al lector en un lugar concreto y en lugar de rellenar el pasaje con demasiada ambientación, procura que el lugar tenga impacto sobre la acción que se desarrolle. Ahora revisa el relato cambiándolo drásticamente de sitio. El relato acabará siendo visiblemente distinto.

8.- Toma otro de tus relatos y mejora el tratamiento del tiempo y después cámbialo radicalmente. Evalúa como cambia el relato o el pasaje utilizado.

9.- Piensa en un personaje que sea contrario a ti. Elige algunas de las siguientes diferencias: género, edad, profesión, historial, temperamento. Escribe un pasaje en el que este personaje viva en tu entorno. Haz que el entorno provoque en el personaje tanto conflicto como sea posible.

10.- Escribe un pasaje sobre el momento más aterrador de tu vida. Escribe un pasaje sobre este momento con un narrador en primera persona. Ralentiza el tiempo en que ocurre el suceso. Incluye detalles precisos y todos tus pensamientos en el momento.

BIBLIOGRAFIA CONSULTADA

CODES, María José, *Intriga y suspense,* Alba, Barcelona, 2013.

DE MIQUEL María Antonia, *Cómo escribir una novela histórica,* Alba, Barcelona, 2014.

FONT, Carme, *Cómo diseñar el conflicto narrativo,* Alba, 2009.

FRANK, Thaisa y WALL, Dorothy, *Cultiva tu talento literario,* Urano, Barcelona, 2012.

GARCIA QUINTANA, Héctor, *Cómo se escribe una novela,* Berenice, 2013

GOTHAM WRITERS' WORKSHOP, *Escribir ficción,* Alba, 2013.

KOHAN, Silvia Adela, *Dar vida al personaje,* Alba, Barcelona, 2014.

KOHAN, Silvia Adela, *La escritura terapéutica,* Alba, Barcelona, 2013.

KOHAN, Silvia Adela, *Para escribir una novela,* Alba, Barcelona, 2012.

MENENDEZ, Ronaldo, *Cinco golpes de genio,* Alba, Barcelona, 2013.

MITTELMARK, Howard y NEWMAN, Sandra, Cómo no escribir una novela, Seix Barral, Barcelona, 2012.

ROTH, Martin, *Guía creativa del autor,* Robin Book, Barcelona, 2007.

SERAFIN, María Teresa, *Cómo se escribe,* Paidós, Barcelona, 2007.

VAZQUEZ ALONSO, Mariano José, *El escritor sin fronteras,* Robinbook, Barcelona, 2013.

WOOD, James, *Los mecanismos de la ficción,* RBA, Barcelona, 2013.

El autor

Marcos López Herrador (Ubeda 1955) es Licenciado en Derecho por la Universidad de Granada (1973/1978), estudios que simultaneó con los de Graduado Social, es diplomado por el CUNEF (Madrid) en estudios financieros y empresariales, es Agente de la Propiedad Inmobiliaria, Administrador de Fincas y Agente y Corredor de Seguros además de Diplomado en Marketing Financiero por la Universidad de Alcalá de Henares. Ha desarrollado toda su actividad profesional en el mundo de la Banca en la que ha sido directivo durante treinta y cinco años, y profesor. Fue Vicepresidente de la Cámara de Comercio Industria y Navegación de Motril (Granada) en 1993. Ha escrito varios libros de poesía, con los títulos *Compañeros de fatigas, Entre amigos, Ripios para mis amigos, Al cruzar tu estela, Poesía en el tiempo y otros versos, Poemas de Amor, Hijos del abismo*; dos ensayos con los títulos *El arte de la impostura* y *La rebelión de los amos*; un libro de aforismos con el título *La vida frase a frase* y *el TEST más asombroso y divertido*, primera parte y segunda parte, sobre curiosidades históricas; un libro de relatos, curiosidades históricas y anécdotas con el título de *"Lecturas breves (relatos e historias)"*. Publica ahora este manual con el título *"El oficio de escribir"*.

En Pozuelo de Alarcón a 7 de septiembre de 2014.

www.ingramcontent.com/pod-product-compliance
Lightning Source LLC
Chambersburg PA
CBHW060522290526
45791CB00001B/489